言わなきゃいけないプロ野球の大問題

巨人はなぜ勝てなくなったのか?

広岡達朗

GENTOSHA

はじめに

国民的作家といわれた司馬遼太郎は１９９１（平成３）年、文化功労者に選ばれた際の記者会見でこう語った。

「どうして日本はこんなにバカになったのだろう、というのが22歳のときの感想でした。昔は違ったろう、と思うのですが、知識がないものですから、35～36歳のころから文献や資料を少しずつ読み始めました。それから書き始めた私の作品は、22歳のころの私への手紙でした。『竜馬がゆく』も『坂の上の雲』もそうでした。『日本とは何ぞや』がテーマでした。昔は違ったに違いない。そうでなければ、日本はここまで生きのびてこれないのですから。それが、昭和になって悪くなったに違いない、と思ったのです」

日本の野球も同じである。少なくとも、私が巨人のショートとして13年間プレーした昭和の野球はこうではなかった。

野球界は、なぜこんなに崩れてしまったのか。どうすれば正しい野球を後世に遺すことができるのか。私は野球一筋で生きてきた者として、この答えを求めて2016年からwebメディア「幻冬舎plus」で「日本野球よ、それは間違っている!」の連載を始めた。

2018年3月には、それまでの連載をまとめた同名の本を上梓した。本書は「日本野球よ、それは間違っている!」シリーズの第2弾である。


平成時代の最後を飾る2018年の野球界も、さまざまなニュースがあった。ファンを喜ばせたのは、日本ハムから米大リーグ・エンゼルスに移籍した大谷翔平だ。160キロ超の速球を投げる24歳は、開幕から投打の二刀流で活躍してアメリカのファンを驚かせた。

しかし好事魔多《こうじまおお》しという。6月に右ヒジの靭帯《じんたい》損傷でマウンドを離れてから二刀流はさびつき、9月には新たな靭帯損傷が発生。1年目のシーズン終了直後に、私が一番心配していた靭帯再建手術（トミー・ジョン手術）を受けた。
それでもメディアは大谷の新人王受賞に酔い続けたが、本業の投手としての復帰は早くて2020年になることを忘れてはならない。しかも、手術をすれば160キロ台の速球が復活すると信じているスポーツマスコミの超楽観主義にはあきれてしまう。

日本のプロ野球も、広島の黄金時代が続くなか、伝統を誇る巨人と阪神の新監督が3年で引責辞任に追い込まれた。ともに外野手出身で、コーチ経験もないままの監督就任には私も当初から反対した。人気優先でスーパースターを即監督にした親会社と球団の責任は計り知れない。

いつもいっているように、私は勝ち負けの予想屋でもなければ予言者でもない。ただうわべだけの結果論ではなく、常に野球の本質を見ている。崩れゆく日本の野球界を再建し、正しい野球を後世に伝え遺すため、本書では連載で取り上げた問題の、その後を検証した。

言わなきゃいけないプロ野球の大問題　目次

第1章
誇りを忘れた名門・巨人

第2章
やはり続かなかった大谷の二刀流

第3章 私がイチローに引退を勧め続けた理由

第4章

ソフトバンクの連覇とCSの欠陥

第5章

高校野球革命のすすめ

第6章 間違いだらけの監督人事

カバーデザイン　フィールドワーク（田中和枝）
写真　産経新聞社
本文デザイン・ＤＴＰ　美創

第1章

誇りを忘れた名門・巨人

原巨人の誇りなき金満補強

2018.12.29

4年連続でセ・リーグ優勝を逃した巨人が、ストーブリーグでは圧勝して2018年を終えようとしている。

3度目の指揮を執る原辰徳が補強の全権を任された巨人の最大の収穫は、FA（フリーエージェント）市場の超目玉だった広島・丸佳浩外野手を獲得したことだ。

そのほかの主な新戦力は炭谷銀仁朗捕手（西武）、中島宏之内野手（オリックス）、岩隈久志投手（マリナーズ）、クリスチャン・ビヤヌエバ内野手（パドレス）で、12月14日には巨人を自由契約になっていた上原浩治投手とも再契約した。

天敵・広島の主砲だった丸の力で優勝しても意味がない

私は巨人が3度も原に再建を託したのは理解できる。本命の松井秀喜が帰国する気がない以上、監督として実績のある原しかいないからだ。

しかし事実上のGM（ゼネラルマネジャー）まで兼務し、チーム編成の全権を与えられた原の補強戦略には納得できないことが多い。

まず原補強の目玉・丸に、5年契約年俸総額25億5000万円もの投資をして、優勝どころか3位や4位にでもなったら誰が責任をとるのか。

また逆に、丸の活躍で5年ぶりの優勝ができたとしても、これまで負け続けてきたライバル・広島の主砲の力を借りてのV奪回では意味がない。

西武から海外FA権を行使した炭谷を、年俸1億5000万円の3年契約で獲ったのもわからない。西武ではベストナインになった森友哉が正捕手で、規定打席にも達していない31歳の炭谷は3番手の捕手である。

あらためていうまでもなく、巨人には捕手がいないわけではない。1番手の小林誠司はたしかに打てないが、強肩とインサイドワークには定評がある。

原が好む「打てる捕手」なら、打率・265、本塁打4の大型捕手・大城卓三や、

2017年シーズンはしばしば好機で打った宇佐見真吾がいるし、一塁から捕手復帰を志願した阿部慎之助もいる。

これだけの人材を一人前に育て上げる意欲もなく、「若い捕手の刺激になってほしい」という理由で年俸総額4億5000万円の投資は無駄遣いではないか。

このほかにも、首をかしげたくなる選手がたくさんいる。

中島は、年俸3億5000万円の契約更新がこじれてオリックスを自由契約になったところを、巨人が1年契約年俸1億5000万円で手に入れた。たしかに実績のある選手だが、プロ18年目の36歳である。

岩隈も日米で実績を残したビッグネームだが、2017年秋に右肩手術を受けたあとは登板がないままマリナーズを退団した37歳。

新外国人のビヤヌエバは、パドレスで正三塁手になり、ホームラン20本を放った27歳だが、大リーグが働き盛りの「使える選手」を簡単に手放すとは思えない。

ストーブリーグのシンガリを務めた43歳の上原も、10月に左ひざのクリーニング手術を受けたあと自由契約になっていた。

今回に限ったことではないが、巨人の補強は「どうしても生え抜きの戦力では足りない」という必然性と一貫した根拠に乏しい。いつも他チームで大成した選手を大金で集め、結果が出なければ二軍で飼い殺しにする。

これでは、せっかくスカウトがドラフトでいい新人を集めても、広島のように根気よく育てて大成させることはできないし、「今年こそは一軍で活躍するぞ」と意気込む若い選手のモチベーションを高めることもできない。

今回の補強を見ていると、原も生え抜きの若い選手を育てる熱意より、大砲を並べる巨人伝統の「オールスター打線」を組みたいのだろう。

自力再生の覚悟がなければ巨人の復興はない

私はヤクルトと西武の監督として計3回、日本一になった。しかしこれまでに上梓した『巨人への遺言』や『日本野球よ、それは間違っている！』（いずれも幻冬舎）、そして「幻冬舎ｐｌｕｓ」の連載でも、巨人の問題を取り上げることが多い。それも厳しい批判や提言だったのは、現役時代に学んだ巨人軍の指導や教育が、私の野球人生のバックボーンになっているからだ。

だから私は、1934（昭和9）年に日本初のプロ野球チームとして創設された巨人が正しい野球をしていれば、他球団の手本となって球界全体がよくなると思っている。

しかし、その巨人の野球が崩れ、チーム作りの理念が崩れている。

2年連続日本一になったソフトバンクや、セ・リーグ3連覇中の広島だけでなく、ほとんどのチームが生え抜き選手中心のクリンナップで戦っている。伝統と人気を誇る巨人だけが、いつまでもFAやトレードで集めた選手に頼っていいはずがない。

真の勝者に求められるのは、結果だけでなく、正しい勝ち方だろう。

恥も誇りも捨てて目先の勝利だけを追う巨人から、ますます勝利の女神が遠ざかっているのは皮肉としかいいようがない。

検証

長野、内海の流出で試される若手育成の本気度

平成時代最後の正月を前にした2018（平成30）年12月20日、巨人ファンには衝撃のニュースが流れた。巨人が西武からFAで獲得した炭谷銀仁朗捕手の人的補償として、かつてのエース・内海《うつみ》哲也投手が西武に移ったのだ。

巨人ファンを驚かせたのは、これだけではなかった。年が明けた1月7日には、同じFA入団の丸佳浩外野手の見返りとして、長野《ちょうの》久義外野手が広島に移籍した。

FA制度には、有力選手を失う前所属球団に対する見返りとして、前球団の希望によって人的補償か金銭補償が行われる。その場合、移籍先球団は前球団が希望しても拒否できるプロテクト枠28人を指名確保することができる。逆に、プロテクト枠以外の選手は「誰でもどうぞ」というわけだ。

FAの見返りで巨人を離れた2人は、投打の実績がある生え抜きのベテランだっ

た。

西武が指名した内海は福井・敦賀気比《つるがけひ》高から東京ガスを経て、ドラフト自由獲得枠で2004年に巨人に入団。11年と12年には最多勝のタイトルを獲り、通算133勝101敗、防御率3・21の実績を残した。

2018年は15試合しか登板できず、5勝5敗、防御率4・17に終わったが、一時は精密なコントロールと変化球で巨人のマウンドを守る左のエースだった。

一方、長野も、福岡・筑陽学園高から日大、ホンダを経て2010年にドラフト1位で巨人に入った。新人王でスタートして11年に首位打者、12年には最多安打のタイトルを獲り、11年から3年連続でベストナインとゴールデングラブ賞に選ばれた、走攻守三拍子そろった外野手だ。

2018年も外野の主力として116試合に出場して打率・290、13本塁打、52打点を残し、通算成績は打率・286、137本塁打、500打点だった。

2人とも巨人への入団を希望して他球団のドラフト指名を断り、社会人野球でチャンスを待った生え抜きだけに、ファンからは人的補償による移籍を惜しむ声は多かった。

たしかに内海は、年齢的にもピークを越えた。持ち味のコントロールと変化球でかわす投球術にも限界を感じるが、巨人一筋の功績を考えると、「後輩を育てろ」と二軍コーチで残す道もあったはずだ。

一方、長野も好不調の波があるのと、東京ドームでは打つのに他球場では打てないことに疑問を感じていた。しかし、2018年シーズンまで主力だったこれまでの実績を考えると、プロテクトから外した理由がわからない。

それでも巨人が生え抜き功労者の2人を守らなかったのは、原新監督の好みのタイプではなかったからかもしれない。

内海と長野をプロテクト枠から外したことについて、石井一夫球団社長は「同僚選手の柱でもあった内海投手の移籍は残念でならない」と語り、山口寿一オーナーともども、これから巨人再建の柱になる若手の人材流出を防ぐための苦渋の決断だったことを強調した。だが、この説明は36歳の中島や31歳の炭谷、37歳の岩隈などの補強と矛盾を感じる。

それだけに今後、巨人がどれだけ若手の育成に力を入れるか、自力再建の本気度が試されることになる。

不可解な「いきなり紅白戦」

2019.02.09

巨人がキャンプイン直後の2019年2月3日、早くも紅白戦を行った。一軍と二軍の対戦で、一軍は若手中心のメンバーだ。

1番二塁で先発した3年目の吉川尚輝が3安打の固め打ちと積極的な走塁で目立ったが、キャンプイン早々の二軍の守備がおそまつなので記録通りには評価できない。

それより私が間違っていると思うのは、若手中心とはいえ、キャンプインから3日目に球団史上最速の紅白戦を行ったことである。

私がいつもいうように、選手はオフにしっかり自主練習をして、何でもできるベストの状態でキャンプを迎えなければならない。それにしても3日目に実戦の紅白戦は早すぎる。

基礎練習もせず紅白戦は順序が逆だ

3度目の指揮を執る原辰徳・新監督としては、新戦力になる若手を早く見つけたかったのだろうが、そんなことは二軍監督からの情報を聞きながら、キャンプ中にいくらでもチェックできる。そもそも、まだ投打ともに基礎練習もできていない段階で紅白戦をやれば、選手は監督の前でいいところを見せようと無理をするからケガをする。

実戦練習である紅白戦は、キャンプ序盤の基礎練習で首脳陣が一通り選手に教えるべきことを教え、教えることがなくなってからやるものだと私は思う。逆に、選手に必要なことを教えられないチームほど、すぐ紅白戦をやりたがる。

いくら再建請負人の新監督が就任したからといって、やるべきことをやらないでいきなり紅白戦をやるのは順序が逆だ。

投手陣の再建は体質改善から

そんな巨人にも、楽しみな選手はいる。顔が小さくなった田口麗斗《かずと》投手である。田口は2017年には13勝4敗の活躍で、エース・菅野智之と二本柱で巨人投手陣を支えたが、当時から私は171センチ、85キロの太りすぎを警告していた。

案の定、2018年シーズンは16試合で2勝8敗、防御率4・80に終わった。ところが紅白戦に先発した2019年の田口は日焼けし、かつてパンパンに張っていた頬の肉がそげて一回り顔が小さくなった。

田口は優れた投球術を持っている。顔と同じように体も引き締まっていれば腰のキレもよくなって、内角低めの速球やスライダーを中心に内外角に投げ分ける好調時のピッチングが蘇るだろう。しかし腹がへこんでいなければ復調は難しい。

紅白戦でもう一人、目についたのは、立命館大学からドラフト1位で入団して4年目の右腕・桜井俊貴である。入団当時は天井を向いて投げていたので「これはダメだ」と思っていたが、2019年はだいぶよくなって、体も顔もキャッチャーに向かっていく投げ方になってきた。速球を投げ終わると跳ね上がって立ってしまうが、変化球のときのように体を沈めて投げるようになれば、もっとよくなるだろう。

広島からFAで移籍して一時は先発陣の一角を担った大竹寛も、94キロの肥満体を絞り込んで一軍に復帰できるか注目したい。クローザーを解任された澤村拓一《ひろかず》を筆頭に、巨人投手陣の再建は技術より体質改善が先だ。

紅白戦の間も、隣の球場では実績のあるレギュラー組がフリーバッティングをしていたが、打たせるための緩いボールを、片手を離してアッパースイングで打つ選手が多い。打球やノックを追う野手もニヤニヤ笑ったり、片手で簡単にさばくことが多く、キャンプらしい真剣味が感じられない。

巨人と対照的なソフトバンクの変化球封印作戦

私は衛星放送のチャンネルを変えながら他球団の練習風景もライブで見るが、広島などはフリー打撃でも投手は速い球を投げ、打者は実戦並みのスイングで打ち返している。投手も参加する内野のチームプレーでも、実戦さながらの真剣な表情と動きを見せていた。

広島だけではない。私はオリックスのシートノックにも感心した。打球を追う選手の動きが基本にかなって無駄がなく、そのまま実戦に通じるような守備だった。これは西村徳文・新監督の指示か、二軍監督から一軍野手総合兼打撃コーチになった田口壮の指導だろうか。

巨人の異例の紅白戦と対照的なキャンプを始めたのは、2年連続日本一のソフトバンクだ。

新聞によると、エースの千賀《せんが》滉大《こうだい》は2年連続の開幕投手をめざして連日100球前後の投げ込みを続けたが、キャンプの序盤で投げたのは直球だけ。代名詞の「お化けフォーク」を封印したのは、「7日までは直球だけ」というチーム方針があったからだ。

2018年のキャンプでは序盤から新球種を試したが、「これからのための基礎的な準備。今はまっすぐだけなので、（直球の）球質にこだわっている」という。

投手陣に7日間、変化球を封印させたチーム方針について、倉野信次・投手コーチは「土台を作る。もう一回直球を磨こうということ」と説明した。ピッチングもできていない3日目に紅白戦を行った巨人とは真逆のキャンプスタートだった。

検証 DeNA・中井は日ハム・大田に続いて新天地で化けるか

DeNAにも興味深い選手がいる。内野手の中井大介である。

中井は2018年オフ、11年間在籍した巨人を戦力外になり、トライアウトのあとDeNAと契約した。そして2019年2月17日の巨人との練習試合では2回にレフト前、6回2死一塁からは右中間にタイムリー二塁打を放った。

宇治山田商高出身の中井は、2015年4月の中日戦で一度だけ巨人の4番としてスタメン出場したことがある。2017年には1番二塁として初めて開幕スタメンで出場し、自己最多の90試合出場で打率・249、5本塁打、15打点を記録した。だが2018年は打率・186、1本塁打、6打点に終わって巨人を去った。

巨人が使い勝手のいい中井を見限ったのは、若手の二塁手が育ってきたからだろう。巨人との練習試合のあと、中井は「結果を出して（巨人に）恩返しをしたい」と語っている。戦力外通告に目が覚めた中井が同じく元巨人の大田泰示《たいし》のように新球団で化けたら、生え抜きのドラフト選手を育てきれなかった巨人は何を思うか。

一方、自由契約になった中井に声をかけたDeNAにも思惑と、巨人との因縁がある。

2014年の打率・243、22本塁打を最後に巨人を出されたホセ・ロペスは、翌年から3割前後の高打率と25～34本塁打を記録し、DeNAのクリンナップを打ち続けている。

ロペスほどの長打力と高打率は無理としても、DeNAは中井に、第二のロペスになることを密かに期待しているかもしれない。

キャンプに緊張感がなければ本番も勝てない

2018.03.03

セ・パ両リーグの監督を経験して、私は確信したことがある。それは、「ペナントレースの勝敗は春季キャンプで決まる」ということである。キャンプでやるべきことをしっかりやっておけば、実戦で選手たちが結果を出してくれるからだ。

私はキャンプインからCS放送で各チームの練習風景を見てきた。どのチームもそれぞれ一生懸命練習していたが、巨人だけは、緊張感と真剣味に欠けていた。巨人はキャンプの終盤、練習試合4試合とオープン戦1試合に全敗した。

手抜きプレー連発の内野陣

2月26日には修正と最終調整を行ったが、この練習もひどかった。たとえば内野ノックのダブルプレー練習では、一塁の阿部慎之助や岡本和真はゴロを捕ると、左に回転しながら二塁に投げている。

ゲッツーを狙う場面では、一塁手はゴロを捕ったら右回りにしっかり足を運んで投げるのが基本だ。体の左側で捕って回転して投げるのは、足を運んで体の正面で捕って投げるより楽だからだ。

しかしこれだと、視線がぶれて二塁への送球が乱れることが多い。正面で捕り、右に開いて投げたほうが正確で速い球を投げることができるのだ。

最年長の阿部が回転して投げるから、若い岡本もそれをまねして回りながら投げていた。手抜きの伝承である。

二遊間も、ショートの坂本勇人や二塁手が併殺練習でセカンドにグラブトスの暴投を連発していた。

ショートがゴロを捕ってセカンドにトスするときは、右手で、しかも相手が捕りやすいようにボールを回転させずに投げるのが基本で、こうすれば正確に速いトスを送ることができる。

それを、ランニングキャッチした流れでヒョイとグラブトスするから、ボールがグラブの網などにひっかかって暴投になるのだ。

百歩譲って、「試合のクロスプレーに備えてグラブトスの練習をしている」としても、キャンプでしっかり基本通りのトスを練習しておけば、試合でグラブトスをする必要はない。それより、軽率なグラブトスのクセがつけば、1点を争う公式戦の併殺で捕球や送球のミスが出るリスクが高まる。

飛ばない打撃練習

打撃練習でも、那覇キャンプを打ち上げてオープン戦に入るというのに、バッティング投手は相変わらずホームラン競争のような打ちやすい直球を投げ、打者は惰性で振り回すだけ。

キャンプの後半には、フリー打撃でも変化球を交えた実戦モードの練習をすべきだ。

しかし巨人は最終調整でも、相変わらず打者が打ちやすい球ばかりで打撃練習をしていた。

しかも、みんな全力で振り回すわりには飛距離が短く、主力打者の長打もフェンスの手前でお辞儀をしている。長打連発の他チームに比べ、巨人の非力さは際立っていた。

そして嘆かわしいのは、キャンプを通じて、白い歯を出して笑っている選手が多かったことだ。よくいえば和気あいあいだが、この1年の体力を養い、チーム内での生き残りをかけたサバイバルキャンプでは、誰も笑ってはいられないはずである。

和やかなのは、選手ばかりではなかった。さすがに伝統と人気を誇る巨人キャンプは取材する野球評論家がどこよりも多いが、就任3年目を迎えた高橋由伸監督はこれらの〝お客さん〟と談笑するシーンが目立った。

コーチたちもエラーした選手を叱責することなく、和気あいあいのノックを繰り返していた。

これまで述べてきた風景は、この日に限ったことではない。2017年シーズン4

位の巨人は3年連続でリーグ優勝を逃し、11年ぶりのBクラスに終わった。しかも3年契約の最終シーズンを迎えた高橋監督は、なんとしてもリーグ優勝を飾って日本一を奪還しなければならないはずだ。

ところがそのキャンプは、どのチームより緊張感と真剣味がたりないように見えた。

インフルエンザで大量離脱

私が巨人の現役時代まで健在だった初代オーナー・正力松太郎さんは、リーグ優勝しても褒めてくれなかった。リーグ優勝は当たり前で、日本シリーズに勝って初めて「ごくろうさん。よくやった」とねぎらってくれたものだ。

日本初のプロ野球チームである巨人は、常に球界をリードする盟主でなければならなかった。しかし、いまの巨人にはその誇りと気概が感じられない。

まだオープン戦が始まったばかりで勝敗にこだわる時期ではないが、内容と緊張感の乏しいキャンプが、早くも5連敗につながったとしたら事態は深刻である。

そしてキャンプの打ち上げを前にして、二塁手の吉川尚輝ら選手3人とコーチ1人がインフルエンザで倒れ、主砲のマギーは体調不良で練習を早退、投手の西村健太朗も下半身のコンディション不良で別メニュー調整となった。

巨人はインフルエンザ感染拡大防止のため、キャンプを予定より1日前倒しして27日に打ち上げたが、この時期に主力選手ら6人が離脱したのも、気が緩んでいるからだ。

こんなことでは、2018年も巨人は勝てないだろう。

高橋監督は、緩んだチームをどこまで立て直すことができるか。3月3日から本格的に始まるオープン戦に注目したい。

検証 キャンプで勝負はついている

巨人がV9を飾ったころの話である。

当時の川上哲治監督に、担当記者の1人が聞いた。

「巨人の野球を見ていると、特別な作戦とか戦術は感じませんね。それなのに、いつの間にか勝っている。監督の作戦で勝つ試合はどれくらいあるんでしょうか」

当時の川上さんは「哲のカーテン」の異名をとるほどのマスコミ嫌いだったので、聞くほうも聞くほうだが、このときの監督は口元に笑みさえ浮かべて振り向いたそうだ。

「そりゃあんた、よそのチームがやらないような特別な作戦なんかありませんよ。うちはキャンプでやるべきことはちゃんとやっているから、シーズンが始まったら、みんなキャンプで身につけた野球をやっているだけ。監督が、試合が始まってから特別な指示や作戦を出す必要なんかないんだよ。第一、野球は監督の作戦失敗で負けることはあっても、作戦で勝つことなんてほとんどないよ」

私は後年、記者からこの話を聞いたとき、「その通り」とヒザを叩いた。ヤクルトや西武で監督を務めたとき、同じことをやっていたからだ。

あれは私が西武の監督で、野村克也が評論家のときだったか。試合前のベンチで取材に来た野村が「ヒロさんはいいな〜。監督はなんにもせんでも、選手がみんなやるべきことをちゃんとやって勝つんだから」というから、「そりゃそうさ。うちはキャンプで、今年勝つために必要な練習はすべてやっている。だから試合が始まったら選手に任せていればいい。真剣勝負の試合で、選手に練習や勉強をさせたこともないことを泥縄式にやらせたって、勝てるわけないじゃないか」といってやった。

私が川上さんと同じような考え方になったのは、監督を経験してからだった。何事も、しっかり準備をしないで目先の結果（勝利）だけを求めてもうまくいくはずがない。

では2018年の巨人キャンプはどうだったか。私の印象は連載で書いた通りだが、ペナントレースが始まると、私が春先に危惧した通りの展開で広島に3年連続の独走リーグ優勝を許し、巨人は3位に終わった。

3年たっても進歩がなかった由伸・巨人

2018.09.22

巨人のセ・リーグ優勝が消えた。高橋由伸監督の就任以来3年連続、原辰徳監督時代から数えると4年連続のV逸である。

私は予想屋でも予言者でもない。つねに野球の本質を見ているので、勝った負けたの表面的な結果を追うスポーツマスコミとは意見が違うことが多い。

開幕前、「幻冬舎plus」の連載で「今年も巨人は勝てないだろう」と書いた。理由は巨人のキャンプに、広島はもちろん他のどのチームより気迫と真剣味がなかったからだ。

キャンプ巡りをしたわけではないが、毎日、衛星放送で各球団の練習風景を見ていればわかる。

あれから半年、私の予感は的中した。

高橋は3年契約最終年となる2018年シーズンも広島の独走を許したまま、9月22日現在、Bクラスどころか最下位の危機にもさらされている。

〝投壊〟はベンチの責任

2017年にエース・菅野智之やマイコラスとともに先発投手陣の一角を支えた左腕・田口麗斗が2018年は打ち込まれ、抑えのカミネロやマシソンも早々と戦列を離れた。こんなときこそクローザーに復帰しなければならないはずの澤村拓一も進歩がなく、大事な終盤で二軍落ちしてしまった。

〝投壊〟と抑えの不在にあわてたベンチは、菅野とともに先発の柱だった山口俊が8月後半に2連敗すると、急遽9月8日の阪神戦からリリーフに回してお茶を濁している。

2018年、150キロ前後の速球とフォークボールが復活し、7月にはノーヒットノーランも達成した山口を、中継ぎのテスト登板もさせないで抑えに回すとは、あまりにも泥縄式の場当たり起用としかいいようがない。

たしかに「ケガ人続出では仕方がない」という見方もあるが、故障の多さに苦しんだのは巨人だけではない。これまでの巨額投資で二軍に人材があふれている巨人なら、いつでも非常事態に対応できる投手陣を整備しておくべきだろう。

そしてそもそも、大事な終盤戦で育成出身の外国人投手2人に頼らなければならないのは、先発投手を5、6人そろえて中4~5日でまわす先発ローテーションシステムをつくっていないからだ。それでも「選手がいない」というなら、監督・コーチの甘えと無責任というほかかない。

ゲレーロ1番起用の怪

巨人のドタバタ作戦は投手陣ばかりではない。私が驚いたのは、9月12日のヤクルト戦でゲレーロを1番に起用したことである。

ゲレーロは2017年、中日で35本塁打を放ってホームラン王になりながら、契約条件が折り合わずに2年契約総額8億円で巨人に移った大砲だ。しかし足が遅く、外野守備も悪いこの選手を巨額の条件でなぜ獲ったのか理解できなかった。

案の定、ゲレーロは6月15日にコンディション不良で登録抹消され、8月26日に一軍に復帰したばかりである。

そんなホームランバッターを未経験の1番に据える巨人は、オーダーの意味がわかっていないのではないか。

打順にはそれぞれ役割がある。1、2番はクリンナップにチャンスのお膳立てをするために、足が速く、バントなどの小技ができる選手でなければならない。

それなのに、2017年の盗塁が一度しかない大砲のゲレーロをなぜ。

高橋監督は試合後、「いろんな理由がある。どういった形がいちばん点を取れるのか考えた結果」と語ったが、これでは4番打者ばかりが並ぶオールスター戦の野球である。

それでも、ゲレーロの1番起用に独自の根拠と確信があり、しばらくこのオーダーを続けるならわかる。だが翌13日もヒットが出ないと、すぐゲレーロを下位打線や代打に下げてしまった。

これでは信念も確信もない、思いつきの奇策とみられても仕方がない。

3年たってもわからなかった由伸野球

高橋が現役を引退した直後に巨人の新監督に就任したとき、私は新聞やテレビのように大歓迎する気にはなれなかった。私の持論が、スター選手がコーチなどの指導者経験もなく、人気優先で監督になることに反対だったからだ。

だから私は2016年3月に出した拙著『巨人への遺言』でも、まえがきにかえて「巨人・高橋新監督の課題」を書いた。

「野球の勝敗は70％が投手で決まるという（中略）。高橋も、外野手出身で投手のことは分からないだろうが、試合が始まればすべて自分で決断しなければならない。そのためには、日ごろからピッチングコーチとよく話し合い、1日も早く投手のことを勉強しなければならない。投手交代は、誰にも相談できないのだ」

このほか、本文では「ピンチになったらマウンドに行ってカツを入れ、具体的な指示を出せ」など、私の監督経験から得たアドバイスを述べた。もちろん、高橋が他人の意見に耳を貸すかどうかは自由だが、3年も監督をやって「投手のことはわからない」では言い訳にもならない。

問題は投手のことだけではない。この3年間を見ていても、高橋が巨人の指揮官として何を考え、どんな野球をやりたいのか、さっぱりわからなかった。

検証 高橋は3年間の敗因を反省し、勉強すれば道は拓ける

2018年末、広島・丸佳浩外野手の巨人入団が決まったとき、「原新監督に『丸はいいですよ』とFA獲得をすすめたのは高橋由伸だった」という記事を読んで、がっかりした。

私は最近の選手が試合中に仲間と談笑したり、相手選手に笑顔で挨拶するのが嫌

いだが、高橋は巨人の監督として3年間、打ちのめされた天敵・広島の主砲にどんな思いを持っていたのだろうか。

私なら丸の顔も見たくないし、聞きたくもない名前である。ましてやFAで獲得して、同じユニホームを着る気になどならないが、慶應ボーイのエリート監督はよほどお人よしなのだろう。

2016(平成28)年、高橋は現役の外野手からいきなり巨人の監督になった。あれから3年間、高橋がグラウンドの外で捕手出身の村田真一ヘッドコーチや投手コーチからどれだけ勉強したかはわからないが、テレビ中継や新聞報道を見る限り、投手起用は隣にへばりついている村田に丸投げしているようにしか見えなかった。そして3年間が終わった。

私は『巨人への遺言』の冒頭で書いた。

「セ・パ12球団のうち、巨人、阪神を含む5球団の監督が交代して2016年（平成28年）のペナントレースが始まる。

私が新監督の言動を見て不満なのは、就任にあたって『私はこういう野球をしたい。そのためにはこういうチームを、こうして作る』という独自のビジョンが見えないことだ。キャンプでは、コーチ・選手に『俺がやりたい野球』を明確に伝え、その実現のための練習を徹底できたのか。それが、これからの本番で試される」

この「俺がやりたい野球」が一番見えないまま終わったのが、巨人の高橋だった。在任中、コーチや選手に、自分が実現したい野球を厳しく指導したのだろうか。退任してから、選手の中から「求心力がなかった」という声ももれてきたように、テレビに映るベンチの孤独な姿の通りだったのかもしれない。

これまでにも書いてきたが、「監督は選手に教えなくてもいい」というのは間違いだ。私が監督時代に実行したように、これから伸ばしたい選手には自らボールを転がして守備の基本を教えたり、コーチに指示して指導させることも必要だ。

監督の仕事は、プレーボールがかかってからだけではない。勝負は、試合が始まる前についているのだ。高橋は選手に教えないというより、教えられないのだ。

私が見る限り、高橋は自分がやりたい野球がなかったのかもしれない。不本意だったとはいえ巨人の監督を引き受けた以上、自分の理想の野球をやりきって玉砕したなら、悔いは残らなかったはずだ。

ところがこの3年間は、思い切り燃え尽きたようにはとても見えない。

そして就任以来3年連続でリーグ優勝を逃した2週間後の2018年10月3日、巨人の山口オーナーは高橋の辞任を発表した。

山口オーナーによると1週間前、高橋から「就任から3年連続で優勝できなかった責任を取りたい」と辞任の申し出があり、球団も本人の意思を尊重して受け入れたという。

当時、レギュラーシーズンは2試合を残しており、CS（クライマックスシリーズ）進出の可能性も残っていたが、高橋は遠征先の広島市で「監督を引き受けたときから、チームの勝敗の責任は監督が背負うものと思ってやってきた」と辞任決断の理由を語った。

問題は退任したいま、名門・巨人の指揮官として何が足りなかったのか、純粋に、真摯に、深く反省しているかである。

これからも野球界で生きていく以上、なぜ勝てなかったのか、自分に何が足りなかったかをよーく反省し、足りなかったところがわかったらグラウンドの外からしっかり勉強すれば、将来が開け、再び監督のチャンスも訪れる。

そのときは、これまでの高橋とは違った監督になっているだろう。

由伸・巨人3年間の成績

	順位	勝	負	分	勝率	リーグ優勝チーム
2016	2位	71	69	3	.507	広島
2017	4位	72	68	3	.514	広島
2018	3位	67	71	5	.486	広島

〝ポスト原〟の監督育成に着手せよ

2018.10.13

巨人の高橋由伸監督が、公式戦を2試合残して辞意を表明した。

山口寿一オーナーは3週間も前に続投要請を公表していたのに、高橋は「チームの勝敗の責任は監督が背負うものと思ってやってきた」と決断の理由を説明した。就任以来3年連続でリーグ優勝できず、名門・巨人の監督として、12年ぶりに負け越した屈辱の責任を取ったのだ。

高橋・巨人の課題や敗因は、これまで拙著や連載で何度も書いたので、あらためて繰り返さない。あえて指摘すれば、前任の原辰徳監督が退任した2015年オフ、現役続行を希望する高橋を引退させて新監督に据えた球団と、結果を出せなかった高橋の共同責任である。

巨人が高橋の後任に、その前任者の原をあらためて起用するのは皮肉な定めだが、仕方がない。どん底・巨人の再建を託せる監督は、いまのところ原しかいないからだ。

そしていま、巨人に一番大事なことは、高橋の後任より次の次、つまり原の次の指揮官を育てることだ。

"人気優先監督"の苦い教訓を生かせ

巨人はこれまで、親会社・読売新聞の都合で生え抜きのスーパースターを監督にしてきた。そして前回、実質的なコーチ経験もない高橋を起用して、広島に3年連続で独走を許した。

この屈辱の経験を生かすためには、人気優先の安易な監督人事ではなく、二軍監督やコーチなどの指導者経験を十分積んだ人材を指揮官に選ぶことである。

「指導者経験と実績」なら3度目の原は申し分ない。だが、彼はあくまで非常事態からチームを救うワンポイント・リリーフであり、いつまでも第3期・原時代に安住してはならない。巨人を再建するなら、いまから次の次の人選をはじめて、原が在任中にしっかり指導者教育をするべきだ。

原の実績と安定感で2〜3年お茶を濁すだけなら、また人気優先の監督人事を繰り返すことになる。

巨人はGMの役割がわかっていない

巨人は高橋の後任に原を起用しただけでなく、鹿取義隆GMも解任した。しかもGMの後任は置かず、大塚淳弘・事業本部次長兼試合運営管理室長を10月12日付で球団副代表編成担当兼試合運営管理室長とし、編成業務を統括する。

大塚副代表は埼玉県出身の元投手で、1981年オフにドラフト外で巨人に入団。2年間の二軍生活を経て球団職員になり、二軍マネジャーや営業担当などを務めた。一軍での実績もない選手がフロントで副代表まで上り詰めたのは、球団職員としての実績が評価されたのだろうが、複雑な編成担当の重責を果たせるかは未知数だ。

舌がもつれそうな長い肩書きだが、要するに巨人は、せっかく選手出身の専門家を起用したＧＭ制を廃止し、監督を戦力補強でバックアップする重要な編成業務を、事実上フロント一筋の事務方に任せるというのだ。かつてロッテで日本初のＧＭを経験した私には、信じられない人事である。

そもそもＧＭとは、監督をはじめとする首脳陣と選手全員を統括し、ドラフトやＦＡ、外国人選手などによる戦力補強のための全権を握る、現場の総責任者である。たとえば米大リーグでは監督交代の場合、ＧＭが新監督の候補を選び、オーナーから与えられた莫大な資金を駆使してトレードやＦＡ、ドラフトなどの補強戦略を展開する。

このためＧＭは、日ごろから監督と綿密に意見を交わしながら強化ポイントを絞り込むが、補強の成果が上がらなければオーナーから更迭される。

古い話になるが、私が巨人を引退したあと、自費で大リーグを視察した１９６７年に足をのばして中南米も回ったとき、当時ドジャースの辣腕ＧＭだったアル・キャンパニスと会った。監督人事やトレード補強に追われる多忙な大物ＧＭが、担当スカウトの発掘した〝金の卵〟を自分の目で確認していたのだ。

その一方で、球団が巨費を投じて戦力を補強しても、監督の戦術やチーム運営が不振の原因と判断されれば、監督が解雇されることになる。

このように、メジャーではオーナーとGMと監督の責任分担が明確だが、親会社が企業で、フロント（球団）幹部が本社から出向する日本では、GMの権限と責任が極めてあいまいである。

長嶋GMで常勝軍団の再建を

私には鹿取GM解任の真相はわからないが、後任に誰が起用されるか注目していた。GMは、監督とともにチームの命運を握る両輪だからだ。

しかもスカウト活動や他球団の情報収集だけでなく、二軍、三軍（育成）まで目を配って統括するGMは、野球を熟知し、監督と情報交換しながらチームの強化に努めなければならない激務である。

もっとも、「GM」というポスト名を廃止し、その任務を新任の副代表が担当するという「看板のかけかえ」だけならいいが、野球の現場経験がない試合運営管理室長に兼務させる新体制は、山口オーナーが公言した「フロントの機能強化」に逆行するのではないか。

一部に「原監督にチーム編成の権限を一本化？」との情報もあるが、日々勝負に命をかける監督に、そんなことができるはずはない。

巨人が本気で常勝軍団の再建をめざすならGM廃止ではなく、長嶋茂雄・終身名誉監督の回復を待って、特命GMとして陣頭指揮を執ってもらったらどうか。

GMとは、それほど重いポストなのだ。

検証 芸能人コーチ陣は大丈夫か

巨人の原監督が新体制のコーチ陣を発表したとき、注目を集めたのは投手総合コーチの宮本和知と内野守備兼打撃コーチの元木大介だった。

2人とも現役時代はそれなりの実績を残しているが、私が驚いたのは、2人がコーチ就任が決まったあとも、テレビのバラエティやお笑い番組に堂々と出演していたことである。

2人が引退したのは宮本が1997（平成9）年、元木が2005（平成17）年。その後、2人はテレビの情報番組やお笑い番組に出演していたので、コーチ就任後も番組でお笑い芸人たちに「野球もやっていたんですね」といじられていた。

たしかに野球協約では12月と1月はポストシーズンだから、何をやっても構わない。だが2人の場合は、長い間テレビ出演と自分の商売に専念していたので、野球解説者として球場で試合を見ることはなかった。毎日、新聞に野球評論を書くこともなかったので、野球の現場をしっかり勉強することもなかったはずだ。

それだけにコーチ就任が決まってからは、テレビ出演より一刻を惜しんで野球の勉強に取り組むべきではないのか。

百歩譲って古巣に指導者として戻るにしても、いきなり一軍の要職に就くのはどういうことか。チーム編成から現場の統括まで全権監督の原が、どんな意図で今回のコーチ人事を行ったのか理解できない。

それでなくてもこの3年間、巨人のコーチ陣が適材適所で効果的な仕事をしたとは思えない。4年間、リーグ優勝を逃した責任者は指導者経験もないまま監督に就任した高橋だが、監督を補佐し、いい結果を出させるよう協力するのが仕事のコーチ陣も任務を果たさなかった責任は重い。

それだけに、原を3度目の監督に迎えたのを機にコーチ陣も一新したのに、長年チームを離れて芸能活動に励んでいた宮本と元木を一軍の要職に迎えたのはなぜか。

コーチに必要な知識と熱意

現役を引退した他球団の後輩から、興味深い話を聞いた。「昔と違って、最近のコーチは選手とよく話し合ってコミュニケーションを深めている」というのだ。

一見、理想的な指導者像に聞こえるが、私は首をかしげた。巨人で13年間ショートを守り、広島のコーチを経てヤクルトと西武の監督を経験した私からみれば、最近の監督・コーチは本来の選手指導をしているとは思えないからだ。

私はアマチュア・プロを問わず、監督・コーチは選手の心身を鍛え、技術を引き上げて勝利の喜びを与えてやるのが仕事だと考えている。

そのためには、自分の体験だけでなく、指導者として野球の勉強を積んで選手に「こうすべきだ。こうすれば、こういう理由でうまくなれる」と自信をもってHow to Doを教えなければならない。

自分の経験則だけで技術を押しつけるより、選手と同じ目線でともに考え、ともに有効な答えを探るのもいい。だがそのためには、先に述べたような前提が最低条件になる。その知識とノウハウと熱意がなければ、ただのやさしい指導者ということになる。

たとえば世界のホームラン王・王貞治は、思うように打てなかった新人のころ、夜ごと盛り場で酒を飲んでも、早稲田大学の正門横にあった荒川博コーチ宅に寄って、畳が破れるほどバットを振って帰った。

私が偉いと思うのは、打撃コーチの荒川さんが、どんなに遅くても王の深夜の素振りに付き合い、「こうすれば3割が打てる。ホームラン王になれる。だから俺の言う通りにしろ」といい切ったことだ。

そして王も、荒川さんを信じ切ってついていったから、868本塁打の世界記録を作ることができた。

念のためにいっておくが、王はホームラン王になってからも荒川さんの指導を受け、不動の4番・

巨人の監督・コーチ一覧(一軍、2019年開幕時点)

ポスト	氏名	年齢	前職
監督	原 辰徳	60	野球解説者・球団特別顧問
打撃総合コーチ	吉村禎章	55	続投
投手総合コーチ	宮本和知	55	スポーツコメンテーター
投手コーチ	水野雄仁《かつひと》	53	野球解説者
打撃兼外野守備コーチ	後藤孝志	49	韓国・斗山《トウサン》ベアーズ打撃コーチ
内野守備兼打撃コーチ	元木大介	47	U-12日本代表監督
外野守備走塁コーチ	鈴木尚広《たかひろ》	40	野球解説者
バッテリーコーチ	相川亮二	42	野球解説者
トレーニングコーチ	ジョン・ターニー	47	二軍トレーニングコーチ
トレーニングコーチ	穴吹育大《いくお》	41	二軍トレーニングコーチ

長嶋茂雄も調子が崩れると荒川コーチに助言を求めた。

さて新生・原巨人の芸能人コーチたちは、年俸6億5000万円になったエース・菅野智之や5億円のショート・坂本勇人に、荒川さんのような確信を持った指導ができるだろうか。

芸能界で身につけた笑顔と舌先の話術だけでは、いまどきの選手を説得することはできないだろう。

その結果、コーチとしての求心力を失い、チームの団結が崩れるようにでもなれば、責任はすべて任命権者の原監督がとることになる。

第2章

やはり続かなかった大谷の二刀流

二刀流より投手の椅子をものにしろ

2018.03.31

エンゼルスの大谷翔平投手が、米大リーグの開幕戦で指名打者として初ヒットを打った。

私はかねてより日本プロ野球の有能な人材が流出するポスティングシステムに反対してきたが、大谷がメジャーに昇格した以上、ぜひ成功してもらいたい。

大谷は背も高く、足も速くて肩もいい。日本人としては珍しく三拍子そろった逸材だけに、メジャーで通用しなかったら困るのだ。もし大谷が通用しなかったら、やはりメジャーのレベルがそれだけ高いことになる。

しかし私は、日本のスポーツ紙が大はしゃぎするほど大谷の前途を楽観することはできない。大谷はポスティングシステムのルールでマイナー契約だから、スプリングキャンプでは招待選手としてメジャー選手と一緒に練習した。この間、紅白試合や練習試合を経て他球団とのオープン戦にも二刀流で出場したが、成績は投打ともよくなかった。

投げても打っても絶不調

オープン戦では投手として2試合に登板し、2回2／3、0勝1敗、自責点8、防御率27。オープン戦の登板は2試合だけだが、このほか2度の練習試合でも打ち込まれた。

さらに3月24日に特別ルールで行われた紅白戦では、4回2／3を投げて2安打5奪三振2失点だったが、6四死球の乱調。

この日は大谷にとって実戦5戦目で、開幕前最後の調整登板だった。

報道によると、これまで4度の登板でフォークの制球に苦しんだ大谷は、「今日はスプリット（フォーク）を中心に投げようと思ったので、序盤から多めに投げられてよかったかなと思います」と語った。

渡米後最多の85球を投げ、最速154キロを記録したが、フォークの数は過去4戦の合計を上回る24球。四球連発はフォーク練習の結果だったのだろう。

それだけ、滑りやすいといわれるメジャーのボールにまだ慣れていない証拠でもある。一方、オープン戦の打撃成績も11試合32打数4安打、打率・125、本塁打0だった。

24日で約1か月半にわたるアリゾナキャンプを打ち上げた大谷は、「よかったこと、悪かったこと、できたこと、できなかったこと、いろいろありましたけど、一日一日全部がいい経験になったと思っています。もちろん初めのほうはどういうふうに進んでいくのかわからないまま進んでいく部分はありましたけど、その中でもうまく回してもらったと思っています。順調にできたかなと思っています」と総括した。

不調でも弱気を見せず、悪びれずに前向きな発言をするのが大谷のいいところだ。多国籍の天才集団の中では、こうでなければ生き抜けない。

しかし冷静に見れば、大谷が未調整のままメジャー開幕を迎えた現実は否定できない。

メジャーの投手たちは、短いキャンプでしっかり仕上げて本番を迎える。たとえば7年目をカブスで迎えたダルビッシュ有投手は、21日の古巣レンジャーズ戦で6回を投げて3安打1失点、7三振で3勝目を挙げている。

メジャー抜擢の狙いは大谷の経済効果

しかし大谷は、投打とも未調整のままメジャーに昇格し、4月1日の開幕第4戦・アスレチックス戦でデビュー登板することも決まった。

大谷の第4戦デビューを決めたソーシア監督は、「多くの人は打率や失点ばかりを見ている。われわれは過程を見ていて、それが重要だ。彼は準備ができているという自信がある」と語った。

だが、非情で言い訳のきかない大リーグで、調整不足の大谷がメジャーに残れたのは、約22億円の譲渡金を投資したポスティング選手であると同時に、日本のスーパースター・大谷についてくる日米のスポンサーとグッズ収入など、巨額の経済効果が決め手になったのは間違いない。

大谷には成功してもらわなければ困る

大谷は、キャンプとオープン戦の成績が悪かったぶん、勉強する材料はたくさんもらっているはずだ。開幕しても「悪いところはこれ、いいところはこれ」と腰を据えて修正してもらいたい。

そして死に物狂いで頑張らない限り、メジャーでは生き残れないだろう。大谷はいいものを持っているのだから、日本の野球のためにも生き残ってもらわなければ困る。

そのためには、まず一つをものにすることだ。二刀流をめざすより、本業の投手としてメジャーに通用する力をつけろ。大リーグは、そんなに甘い世界ではない。

検証

好調スタートの二刀流に暗雲

投打とも未調整で不安を抱えたままメジャーの本番を迎えた大谷は、いきなり非凡な修正能力を発揮した。

3月29日、アスレチックスとのレギュラーシーズン開幕戦に8番・DH（指名打者）でメジャーデビューした大谷は、2回の初打席で右腕・グレーブマンの初球、内角低めの146キロのカットボールをライト前に初安打。

この日は5打数1安打、1三振だったが、日本人選手で大リーグの初打席初安打は9人目。開幕戦では5人目だが、デビュー戦の初球ヒットは4人目だった。

一方、投手としては4月1日の同カードで初先発し、6回3安打3失点だったが、6三振1四球で初勝利を挙げた。

その後も本拠地・ロサンゼルスに帰って3戦連発でホームランを放つなど、開幕10試合で2勝3ホームラン。開幕戦に打者で先発した選手が10日以内に先発登板したのは、1919年のベーブ・ルース以来、実に99年ぶりだった。

その後も大谷は、驚異的な長打力と160キロ台の速球でエンゼルスの勝利に貢献し、日本人最年少の週間MVPと4月の月間最優秀新人に選ばれた。

だが6月8日、右ヒジ靭帯損傷で故障者リストに入ってから、順調な滑り出しを見せていた二刀流の前途に思いがけない赤信号がともった。

私は「これは……」と、大谷の前途に暗雲が待っている予感がしていた。

ヒジ痛は手術より自分で治せ

2018.06.16

日米の野球ファンを熱狂させていたエンゼルスの大谷翔平が、右ヒジの靭帯損傷で戦列を離れ、球界に激震が走った。

診断は「グレード2」（中程度）で、右ヒジ内側側副《そくふく》靭帯が部分断裂か伸びた状態だという。

とりあえず自分の血小板を使って組織の修復や再生を図る「PRP注射」をし、3週間後の検査でその後の方針を決めるというが、治療の効果と症状の改善がなければ、靭帯再建手術の可能性も高い。

靭帯再建手術といえば、フランク・ジョーブ博士が開発したトミー・ジョン手術だが、私は大谷がこの手術を受けることに断固、反対する。

最近は、「ヒジ痛といえば手術」が球界の流行になっている。松坂大輔（中日）、和田毅《つよし》（ソフトバンク）、藤川球児（阪神）がアメリカ時代にこの手術を受け、カブスのダルビッシュ有も2015年に経験した。

私がかねてから選手の手術に反対しているのは、1年半〜2年もリハビリに耐えてなお、復活した選手がいないからだ。

「復活」とは、手術前と同じ球威を取り戻し、中4〜5日の先発ローテーションを長期間務めることである。だから30歳を超えるベテランは、体にメスを入れるくらいなら引退してコーチになり、自分の故障体験を生かした指導をしたほうがいい。

大谷も、これから2シーズンも棒に振って手術を受けても、メジャーを唸らせた160キロの速球が蘇る保証はない。160キロ超のヤンキースの剛球左腕・チャップマンと球速を競えない平凡な投手になったら、二刀流を続けることもできないだろう。

手術より自然治癒力を信じろ

しかし大谷には、まだ23歳の若さがある。

ここで彼が知っておかなければならないのは、人間には誰でも生まれつき持っている「自然治癒力」があるということだ。体力のある若いうちは、病気やケガをしても自力で治すことができる。無理や不摂生をしても、なかなか病気にならないのはこのためである。

大谷のように若ければ、少々の靭帯損傷は自分で治せるはずだ。そしてケガを自力で治すには、正しい生活をすることが条件になる。

「PRP注射」は自分の血液から血小板を含んだ血漿《けっしょう》を取り出して患部に注入し、自己治癒力を高める治療だという。

自然治癒力で一番大事なのは正しい血だ。正しい血とは弱アルカリ性の血液であり、これを作るには、植物性の食物を中心とした正しい生活習慣と、健全で安定した精神を養うことである。

報道によると、注射の効果を検査で見極めるまで、3週間はノースローで調整するという。これからの調整で大事なのは、時間をかけてゆっくり患部を休ませ、その間に、なぜ2017年秋に続いて2度も靭帯を損傷したのか、原因をしっかり検証し、原因がわかったら正しく修正すること。そのためには、もう一度イチから練習することだ。

日本人投手のケガ続出は練習不足

最近の大リーグはケガが多い。とくに日本人の先発ローテーション投手4人全員が一時、故障者リストに入ったのは情けない。

大谷のほか、ヤンキースの田中将大が両モモの張り、カブスのダルビッシュが右上腕三頭筋の腱炎、ドジャースの前田健太も右股関節の張り……。私にいわせれば、みんな練習不足だ。

大谷も、2017年秋に続いて靭帯を悪化させたのは、前歴のあるヒジが練習不足で劣化したのではないか。人間の体は鍛えれば強くなり、鍛えなければ弱くなる。渡米前のシーズンオフからランニングで下半身を鍛え、キャンプでは投げ込みでしっかり肩を作ったのか。

開幕後もテレビ中継でエンゼルス戦を見ていると、登板の前日などにときどきピッチングをしていたが、それも30〜40球で、実戦なみの全力投球は少なかった。そんな肩慣らしのような練習で、先発登板のときだけ160キロの全力投球をすれば、いくら若い大谷でも前に痛めたヒジが悲鳴をあげるのは当然だろう。

私が二刀流に反対する理由

そして気になるのは、やはり二刀流の影響である。

私は日本ハム時代から、大谷の「二刀流」に反対してきた。恵まれた長身とやわらかい関節。長い腕を生かした長打力と天性の選球眼。顔がよくて、さわやかなインタビューでの好感度……。投打がどっちつかずになる二刀流は、日本の宝でもある才能の無駄遣いだと思うからだ。

しかもこの二刀流生活は、中6日以上の間隔で登板した5年間の日本ハム時代から続いている。ほかの投手が休養〜投げ込み〜ランニングで調整している間に、DHで打席に立ってきた大谷のヒジは丈夫になるどころか、知らない間に少しずつ劣化していたのではないか。

これではさすがの天才も、右腕がパンクしても不思議ではない。

だが大谷はまだ若い。「自分には自然治癒力がある」と信じて頑張れば、自然に快方に向かうだろう。その間は走り込んで、全力投球を支える下半身を作り直し、元気はつらつ、明るく積極的な気持ちで過ごすこと。

「俺は元気だ、元気になるんだ」という強い気持ちでケガと闘えば、いつかは治る。

しかし、手術をしたらおしまいだ。医者が主役ではない、自分が主役だと思え。

検証

靭帯損傷再発、専門医が手術勧告

大谷は7月3日に打者として戦列に復帰した。右ヒジの治療回復を待ちながらバッティングに専念し、22試合に出場して打率・203、ホームランも3本打った。

8月も登板はなく、24試合、打率・328。ホームランも6本で打点18を叩き出した。

そして9月2日のアストロズ戦で投手として復帰したが、6月以来、約3か月ぶりのマウンドは2回1／3で終わった。被本塁打1を含む2安打2失点、2三振2四球の2敗目（4勝）で、腰の張りと打球が右手薬指に当たったための降板だったが、5日のMRI検査で右ヒジ靭帯に新しい損傷があることがわかった。

3か月にわたって続けられた、血小板を使って組織の修復や再生を図る「PRP注射」の効果もなく、担当医からは最悪のトミー・ジョン手術をすすめられた。

危険なトミー・ジョン手術を急ぐな

2018.09.08

心配していたことが、現実になってしまった。88日ぶりにマウンドに復帰したエンゼルスの大谷翔平が、また右ヒジの内側側副靭帯損傷で、修復手術（トミー・ジョン手術）の可能性が大きくなったという。

球団は「6月のMRI検査で見つかったものとは違う、新たな損傷」といっているが、狭い右ヒジ内側でまた靭帯が切れかかっているのなら、古傷の再発と見られてもしかたがない。

3か月前と同じ場所で、大谷も張りを訴えているだけに、担当医師はトミー・ジョン手術をすすめている。

前回は手術を否定していたソーシア監督も、「非常に落胆している。手術をするのがシーズン終了後になるかはわからないが、これからショーヘイは医師と話し合いを重ねて、今後の方針を決めることになるだろう」と、初めて手術の可能性を口にした。

リスクが大きいトミー・ジョン手術

球団も監督も、事態の深刻さに「手術やむなし」へ傾いているようだが、私は反対である。

私が以前から選手の手術に反対しているのは、トミー・ジョン手術を受けて復活した選手がいないからだ。

最近の例を見ても、大リーグからソフトバンクに帰ってきた和田毅は2016年に15勝を挙げたものの、2018年シーズンは二軍でリハビリ中で、ブルペンにも立っていない。原因は左肩痛だが、2017年には左ヒジを手術しており、トミー・ジョン手術の後遺症といっていい。

ソフトバンクを解雇されたあと中日にテスト入団した松坂大輔も、5勝4敗（2018年9月6日時点）。その内容はヨロヨロで、2回7失点でKOされた2日の巨人戦では130キロ台の遅い直球を痛打された。

阪神ファンは「藤川球児がいる」というだろうが、完全復活とはとてもいえない。いちいち手術後の選手を挙げていてはキリがないが、代表的なのは2017年のオフ、6年間の大型契約でドジャースからカブスに移ったダルビッシュ有だ。2018年は8試合に登板して1勝3敗のあと、右ヒジ痛の再発で年内絶望。

ダルビッシュが手術を受けたのは2015年だから、術後一時的に回復しても完全復活が難しい、トミー・ジョン手術の怖さを物語っている。

靭帯損傷再発に二刀流の影

私は大谷の日本ハム時代から、二刀流に反対してきた。

大きな体と素質に恵まれた大谷は投手に専念すべきだ。日本よりレベルが高く、ハードな遠征など過酷な生活が続くメジャーで二刀流を続けるのはケガのリスクも高まる。投打ともどっちつかずになる可能性が高いからだ。

それでも大谷は「メジャーでの二刀流」の夢を捨てず、日米のファンに非凡な才能を実証してきた。

だが、開幕から5か月を経て160キロ右腕が悲鳴をあげた裏には、やはり二刀流の無理がたたったことは否定できない。

短いキャンプから、日米のファンと経済効果を求める球団の期待に応えて二刀流に取り組んだ分、投げ込み・走り込みという投手の基本練習が犠牲になった可能性は排除できない。

その結果、投打とも未調整のままペナントレースに入り、そうそうたるスーパースターに交じって投打の主役を演じてきた。

大谷人気優先の球団・監督が、1回目の靭帯損傷が発覚した6月8日以降も主力打者として起用し続けたことが、今回のヒジ痛再発と無縁とはいえないだろう。

この3か月の経過観察中、大谷は打者としての出場中に軽いピッチングと、マイナー打者相手の実戦形式練習に3度登板しただけで、マイナーリーグの試合にリハビリ登板すらしていない。

投手が誰でもいうように、投球練習と試合での登板では、疲れ方が3倍も4倍も違う。2日の復帰登板で1回終了後から腰が痛み出したということは、調整登板なしでぶっつけ本番を迎えたツケがきた証拠であり、大谷も「認識が少し甘かった」と語っている。

ここで忘れてならないのは、大谷が2017年10月、右ヒジの靭帯損傷のため、自分の血小板を使って組織の修復を図る「PRP注射」による治療を受けていたことである。

エンゼルスへの入団発表後にこの事実が明らかになったとき、ソーシア監督は「心配ない」と一蹴した。

しかし、約1年の間に3度も靭帯損傷を起こし、同じ注射治療を2度受けていたにもかかわらず二刀流を続けさせたことが、結果的に投手としての調整とリハビリにブレーキをかけていたのではないのか。

リハビリと練習で自力回復をめざせ

さすがにあわてた球団は手術の可能性に舵を切ったが、早まらないほうがいい。手術をすれば翌シーズンは棒に振ることになるし、マウンドに復帰しても平凡な日本人投手になるか、大谷が尊敬するダルビッシュのようにヒジ痛が再発する可能性は残る。

大谷は復活登板したあとも、指名打者として2日連続で計3本のホームランを打った。ヒジの靭帯が切れていたらフルスイングもできないはずだから、損傷は軽いのだろう。

若いうちは自然治癒力がある。手術をするくらいなら指名打者を続けながら右腕のリハビリに専念し、走り込み、投げ込みと調整登板をしっかりやれば、自力で治すことができるのではないか。

検証

手負いの一刀流で新人王を獲った集中力

大谷はその後、右腕を封印したまま打席に立ち続けた。9月も24試合に出場して打率・310、7本塁打、18打点。投手としてはショッキングな事態のなかで、大谷はバッティングに非凡な集中力を発揮した。

これでメジャー1年目の通算成績は投手としては10試合、51回2/3で4勝2敗、防御率3・31に終わったが、打撃成績は104試合、打率・285、22本塁打、61打点で盗塁も2ケタの10を記録して、アメリカンリーグの新人王に輝いた。

大谷がトミー・ジョン手術を受けるかどうかは本人の決断に任されたが、エンゼルスは9月25日、大谷がシーズン終了直後の10月第1週にトミー・ジョン手術を受けると発表した。

日本人のMLB新人王

		所属チーム	主な成績
1995	野茂英雄	ドジャース	28試合13勝6敗、防御率2.54、236奪三振（リーグ最多）
2000	佐々木主浩	マリナーズ	63試合2勝5敗、37セーブ（当時のMLB新人記録）、防御率3.16
2001	イチロー	マリナーズ	157試合、242安打（リーグ最多）、6本塁打、69打点、56盗塁（リーグ最多）、打率.350（リーグ最高）
2018	大谷翔平	エンゼルス	投手:10試合4勝2敗、防御率3.31 打撃:104試合、22本塁打、61打点、10盗塁、打率.285

2019年はバッティングを封印してリハビリに専念しろ

2018.10.06

エンゼルスの大谷翔平が10月1日、ロサンゼルスで右ヒジのトミー・ジョン手術を受けた。

大谷は6月に右ヒジ靭帯の損傷でPRP（多血小板血漿）注射による治療を受けた。9月には復帰登板後、靭帯に新たな損傷が見つかり、残りの試合は投球を封印してDHとして出場していた。

球団の専門医は2度目の損傷発覚当初から手術をすすめ、ソーシア監督（当時）もその後「(手術の有無にかかわらず）2019年は投げない」と明言した。それでも大谷は手術には慎重だったが、公式戦の終了直後に手術に踏み切ったのは、靭帯損傷を完治するには手術しかないと決断したのだろう。

球団がシーズン終了直後の手術をすすめたのは、術後、マウンドに復帰するまでには1年以上のリハビリが必要だからだ。

新聞は「二刀流復活は2020年」と書いているが、「復帰は術後1年半」というメドに保証はない。損傷した靭帯を切除し、他の部位の正常な腱を移植する手術から復帰までの期間は、投手によってまちまちだ。

たとえば松坂大輔（当時レッドソックス）は1年後にマウンドに立ったが、ダルビッシュ有（同レンジャーズ）は1年2か月、藤川球児（同カブス）は1年2か月、田澤純一（同レッドソックス）は1年5か月、そして和田毅（同カブス）は2年2か月かかっている。

また荒木大輔（同ヤクルト）のように、マウンド復帰までに4年かかった例もある。

後遺症に苦しむダルビッシュ

私が懸念するのは術後のリハビリ期間より、どの選手も予後（術後の経過）が悪いことだ。

復帰までの期間がもっとも短い松坂はメジャーで戦力外になって帰国後、ソフトバンクと3年総額12億円の大型契約を結んだが、一軍での登板は1試合だけ。復帰まで2年2か月かかった和田も古巣のソフトバンクに3年総額12億円＋出来高払いで戻ったものの、2017年は左ヒジの手術を受け、2018年は左肩の違和感で三軍のブルペンにも立っていない。

そして阪神に戻った藤川も、9月に右ヒジ痛で登録を抹消された。

術後例で見逃せないのは、2015年に手術を受けたダルビッシュだ。一時は150キロ台の速球で「完全復活」といわれたが、ドジャースからカブスに6年総額1億2600万ドルの大型契約で移籍した2018年は、8試合に登板して1勝3敗、防御率4・95に終わった。

5月の右上腕三頭筋腱炎、6月の右ヒジ炎症、9月には右ヒジ骨棘《こつきょく》（通称：ねずみ）の除去手術で、キャッチボールもできないままシーズンを終えた。

かつて理想的だったしなやかな投球フォームが小さく硬直し、相次ぐケガに見舞われているのは、明らかにトミー・ジョン手術の後遺症だと私は思う。

手術の後遺症や副作用はヒジだけではない。抜群のコントロールと変化球で、マリナーズの主力投手として通算7年間で63勝を挙げた岩隈久志が、2017年9月の右肩手術から復活できずに退団帰国する。これも、投手にとって手術のリスクがいかに大きいかを物語っている。

報道によると、これまでにトミー・ジョン手術を受けたのはプロアマの野手も含めてアメリカで約900人、日本でも約70人いるという。

また米メディアによれば、2018年だけでメジャー、マイナーなど野手も含めた合計80人がこの手術を受け、このうち74人が投手だった。

いまや球界では、ヒジや肩が痛いと簡単に手術を受ける風潮が蔓延している。球団が安易にそれをすすめ、選手も手術をすればすぐ痛みが消え、以前のような球が投げられると思っている。

だが、自分の正常な腱をヒジの靭帯に移植する難手術で、以前のような球威を取り戻せるかどうかはわからないということを忘れてはいけない。

手術を甘く見てはいけない

トミー・ジョン手術が考案されてから約半世紀。術式も技術も進歩しているだろうが、近代医学も完全復活を保証しているわけではない。

私が以前から手術に反対しているのは、術後完全復活した投手がいないからだ。マウンドに復帰しても、ヒジ痛の再発など後遺症に悩まされるリスクがつきまとう。

それでも大谷が手術に踏み切った以上、術後、2年前後は厳しいリハビリに耐え抜く覚悟を持たなければならない。これまでに手術を受けた選手たちが口をそろえていうのは、このノースロー・リハビリに耐える精神的な苦痛である。

大谷の場合に心配なのは、球団も本人も、2019年は投げられなくてもDHで打席に立つことを希望し、それを確信していることだ。「右投げ左打ちだから、術後の靭帯には影響はない」といわれているが、専門医はこの見通しに医学的な根拠と確信を持っているのか。

私は、靭帯損傷を治せず、すぐ手術に頼る近代医学を信用できない。メジャーでもトップクラスの速球を投げる大谷が手術のリスクに挑戦するのだから、〝バッターとリハビリの二刀流〟は封印し、十分に時間をかけてリハビリ一本に専念したほうがいい。手術を甘く見てはいけない。

大谷よ、外野手として再出発せよ

2018.12.22

私は2018年3月、『日本野球よ、それは間違っている！』を上梓した。崩れゆく日本の野球界を改革し、正しい野球を将来に語り継ぐためである。

そのなかで私は、日本野球を滅ぼすポスティング制度に反対し、日本ハムから大リーグのエンゼルスに移籍した大谷翔平の優れた才能を評価しながらも、「二刀流はメジャーで通用しない」と断言した。

またポスティング移籍の日本人第1号で、45歳になってなお現役にこだわるイチローについては、「現役をやめても第二の人生がある。引退して指導者になれ」と進言した。

早稲田実業から日本ハムにドラフト1位で入団した清宮幸太郎についても、以前から連載や著書で「早稲田大学で野球の基礎と人間力を身につけてからプロに行くべきだ」とすすめたうえで、「清宮は即戦力にならない」と書いた。

大リーグの平等主義に反する二刀流

あれから9か月が過ぎて、彼らはどうなったか。日米の野球ファンを熱狂させたスーパールーキー・大谷は、打者としては104試合で打率・285、22本塁打、61打点の記録を残してア・リーグの新人王に輝いた。

しかし本業の投手では、6月に右ヒジの靭帯損傷で戦列を離れ、9月に復帰登板した直後に新たな右ヒジの損傷が見つかって、シーズン終了直後にトミー・ジョン手術を受けた。1年目の投手成績は10試合に先発登板して4勝2敗、防御率3・31だった。

私は大谷の日本ハム時代から投打の二刀流に反対してきたが、大リーグに移ってからも反対し続けた基本的な理由は、二刀流が多民族国家の根本原則である平等性を欠いているからだ。

大リーグでは、5人の先発投手が原則中4日のローテーションで回っている。これは「1試合の投球数100球で中4日が最も効率がいい」という理由の他に、先発投手陣の仕事を平等に回すためでもある。

監督がこのローテーションを無視して、好調で勝てる確率が高い投手を優先的に起用したら、他の投手から「俺たちの仕事と勝つチャンスを奪われた」とクレームがつき、後ろについている選手の代理人が黙っていない。

そんな大リーグで、日本から来たばかりの大谷だけが「打者との二刀流だから」という理由で中5日とか中1週の特別扱いをされたらおかしいだろう。

大谷の人柄がファンやチームメイトに愛されている間は波風が立たなくても、不調が続き、チームに貢献できなくなったらきっとナインの反発が表面化する。

中南米出身の選手がメジャー全体の約3割を占めるといわれる多国籍社会では、大谷の二刀流は基本的によくないのである。

こうした原則論の他にも、毎日DHで打ったり走ったりしながら、本業の投手としての鍛錬や調整ができるのか、という問題もある。この1年を見ても、まだ若い大谷が、日本ハム時代からの古傷である右ヒジの靭帯を2度も損傷し、下半身にも故障が多いのは、これまでのトレーニングが足りないからだ。

手術で完全復活は無理

私は、故障した選手がすぐ手術を受ける風潮に疑問を持っている。

ヒジの靭帯損傷も、手術後のリスクを考えると、手術をしなくても時間をかけて適切な休養と治療をすれば治るとさえ思っている。

近代医学では「靭帯断裂は手術しか治らない」といわれているが、では手術したら投手として完全復活できるのか。以前の球威を取り戻して復活できた選手はいないではないか。

大谷も、手術で完全復活できる保証はない。手術を信用しない私は、残念ながら大谷も、最速162キロのスピードを取り戻すのは難しいと思う。術後いったんはマウンドに復帰できても、彼が尊敬する先輩・ダルビッシュ有のように、ケガの再発や手術の後遺症に悩む可能性は高い。

しかし大谷が、勝負強さと長打力で新人王に輝いたのは立派だった。1年目から打撃フォームの改善に成功したように、研究熱心で適応能力の高い選手だから、打席に復帰したらまだまだ成長するだろう。

リスクの高い大手術を受けたいまとなっては二刀流にこだわらず、快足を生かせる外野手一本で再出発したほうがいい。

DHでは、よほど優れた打力を身につけなければレギュラーの座を守り続けるのは難しいからだ。

ただし、大リーグで外野の一角を占めるには、右ヒジを治して遠投できることが必須条件になる。

検証

手術痕を笑顔に隠して凱旋帰国

ロサンゼルスでトミー・ジョン手術を受けた大谷は11月22日、東京の日本記者クラブで帰国会見を行った。会場を埋めた記者とカメラに向かって、大谷は「すごく充実して楽しい1年を送れたと思う。終わってみたら、1年間通していいシーズンだったなと思える」と、未知の世界・大リーグでの初体験を総括した。

オープン戦で結果が出ない時期に、打撃フォームをノーステップに変えたことについては「できる限り日本で取り組んできた形でプレーしたいという気持ちはあった。でも結果が出ず、内容も手応えを感じることがなかった。その中で少し変えてみようと取り組んだことが、ちょっとずついい方向に転んでいった」と振り返った。

投打で最も印象に残っている場面を聞かれると、投手としては4月1日、アスレチックスとの初登板をあげた。

「緊張してマウンドに上がったので結果（6回3失点で勝利投手）より、ゲーム自体が印象に残っている。打者としてはやっぱり初ホームラン（同3日のインディアンス戦）。ホーム（エンゼルスタジアム）の1打席目で打てたので、そこは嬉しかった」

日本とは違う長距離移動と過酷な日程については「飛行機移動が長いと聞いていたので、そこでの時間の使い方が大事だと思っていたが、1年間、スムーズにできた。選手しか乗っていない飛行機なので、リラックスして次の試合に向けて（いい状態を）つくることができた」と語った。

ア・リーグ新人王に輝いたことについては「素直に嬉しかった。最終的な3人に選んでもらえた時点で嬉しい。それくらいレベルの高い場所で1年間できてよかった」と笑顔がこぼれた。

しかし大谷のメジャー1年目は、いいことばかりではなかった。10月に右ヒジの手術を受けたことについては「ヒジにメスを入れることについては、もちろん抵抗はあった」と苦渋の決断を振り返った。

右ヒジを3度も故障している原因や改善点を聞かれると、大谷は冷静に答えた。

「原因がこれだとわかっていれば一番楽だけど、その要因が一つじゃないので難しい。変えられる点でいえば、フォームをよりよくスムーズに効率よく投げられるところに持っていくこと。投手なら誰でもやるべきことの一つではある」

そして、今後のことについては「2019年は打者で行くことになると思うが、復帰時期は明確に予想できない。ポストシーズンに行きたいというのは、今年1年で強くなった」と結んだ。

打者でも開幕復帰は見送り

正月を岩手県の実家で迎えた大谷は、約2か月、祖国を楽しんで2019年1月21日、ロサンゼルスに向かった。

日本の球団が一斉にキャンプインした2月1日、アメリカから「大谷は打者としても開幕に間に合わない」というニュースが飛び込んできた。エンゼルスのビリー・エプラーGMが「いまの（リハビリの）過程では開幕にはプレーできない」と語ったのだ。

GMは前週に受けた執刀医の経過診察について「（結果は）とてもよかった。右ヒジの可動域は戻った」と説明し、それまで下半身と左半身が中心だったウェイトトレーニングも制限がなくなるという。しかしバットスイングは「まだしていない。トレーニングで体の強度を戻さないといけない」と慎重な姿勢をみせた。

大谷は日本記者クラブでの記者会見でも、術後の経過について「順調です。いまは日常生活でもとくに不自由はない」と語り、12月のイベントでも「開幕（復帰）をめざしてがんばります」と意欲を見せていた。

エンゼルスのキャンプはアリゾナ州テンピで、バッテリー組が2月13日、野手が加わる全体練習は同18日に始まったが、大谷は別メニューで孤独な調整を続けた。

その後、22日には手術後初めて、ティーに置いた球を計20球打ち込んだ。3月1

日には下から投げてもらうティー打撃「ソフトトス」も開始。8日には約12メートル離れてキャッチボールも行った。

エプラーGMは、大谷を5月中に打者でメジャー復帰させる方針を明らかにしている。

◆デビューから登板7試合中6度6奪三振以上

1955年のハーブ・スコア（インディアンス）、2014年の田中将大（ヤンキース）以来3人目

◆1900年以降で開幕50試合目までに4勝&6本塁打

1918、19年のベーブ・ルース以来

◆エンゼルス新人でメジャー初本塁打から8本すべてがエンゼルスタジアム

史上初

◆メジャー初本塁打から9本すべてが本拠地

ア・リーグ新人史上2人目

◆10本塁打&4勝

1900年以降では、1919年のベーブ・ルース以来99年ぶり2人目

◆10号&50奪三振

メジャー史上初

◆12本塁打&4勝

1888年のジミー・ライアン（ホワイトストッキングス）、1919年のベーブ・ルースに続き史上3人目

◆10本塁打&5盗塁&5先発登板

1918、19年のベーブ・ルース以来、史上2人目

◆シーズン2本目の代打本塁打

シーズン2発は日本選手初。球団では7年ぶり

◆15本塁打&4勝、15本塁打&3先発登板

ともに1888年のジミー・ライアン、1919年のベーブ・ルース以来99年ぶり3人目

◆50イニング登板&15本塁打

1919年のベーブ・ルース以来99年ぶり2人目。先発10試合&10本塁打も同年のルース以来2人目

◆4打数4安打&4得点&2本塁打&3打点&1盗塁

ア・リーグ新人2人目

◆19本塁打

2006年の城島健司を抜き、日本選手メジャー1年目の最多

◆シーズン2度目の3戦連発

日本選手初

◆3試合連続3打点

日本選手初

◆同一シーズン8盗塁、15本塁打、3登板

1888年のジミー・ライアン以来130年ぶり史上2人目

◆9盗塁&10試合登板

1915年のジョージ・シスラー（ブラウンズ）以来

◆エンゼルス新人によるシーズン40長打

2012年のトラウト以来10人目

◆シーズン20本&10登板以上

1919年のベーブ・ルース以来。当時のルースは7盗塁で、8盗塁以上も加わるとメジャー史上初

◆シーズン20号

日本選手では松井秀喜以来2人目

◆シーズン10盗塁&20本塁打&10登板以上

メジャー史上初。20本塁打&10盗塁は2012年のトラウト以来、エンゼルス新人で3人目

（日刊スポーツ　2018.11.14付より）

大谷翔平　メジャー1年目の主な記録

◆メジャー初打席初安打

日本選手では6人目。開幕戦では5人目、デビュー戦の初球は4人目

◆開幕戦に打者で先発した選手が10日以内に先発登板

1919年のベーブ・ルース（レッドソックス）以来99年ぶり

◆開幕10試合以内で投手と打者で先発出場

1920年のジョー・ブッシュ（レッドソックス）とクラレンス・ミッチェル（ドジャース）以来98年ぶり

◆同一シーズンで野手と投手で先発

1988年のリック・ローデン（ヤンキース）以来

◆エンゼルス投手のデビュー戦QS（クオリティ・スタート）

2009年のショーン・オサリバン以来

◆先発で勝利投手となった次の試合で打者として先発して本塁打

1921年のベーブ・ルース（ヤンキース）以来

◆先発登板した選手が同一シーズンでDHで先発して本塁打

ア・リーグが1973年にDH制を導入して以降初

◆本拠地デビュー戦から2試合連発

球団史上6人目。新人では初

◆3戦連発

日本選手では松井秀喜以来2人目

◆本拠地デビューから3戦連続「1本塁打・2打点以上」

打点が公式記録になった1920年以降ではア・リーグ史上初

◆本拠地デビューから地元で3戦連発

史上4人目

◆開幕10試合で2勝＆3本塁打

1919年のジム・ショー（セネターズ）以来3人目

◆同一シーズンで3戦連発＆2ケタ奪三振

史上3人目

◆デビュー2登板目までで1試合12奪三振

ア・リーグ最多タイ記録

◆月間3本塁打、2勝、1三塁打

史上5人目

◆同一シーズンで3試合以上に先発登板し、4番入り

1961年のドン・ラーセン（アスレチックス）以来57年ぶり

◆先発投手で101マイル（約162.5キロ）以上を記録

ここ10年間で7人目

◆月間4本塁打＆25奪三振

1900年以降で4人目

◆出場24試合で5号

2006年の城島健司（マリナーズ）の41試合を上回り、日本選手最速

◆デビューから6戦目までに11奪三振以上を2度マーク

1908年以降3人目。ア・リーグでは初

◆デビューから6試合で43奪三振

エンゼルス新人記録

◆初登板から7試合目で50奪三振

球団史上最速

第3章

私がイチローに引退を勧め続けた理由

イチローよ、惜しまれて去れ

2018.03.17

米大リーグでFAのまま宙に浮いていた44歳のイチローが、6年ぶりに古巣のマリナーズに復帰した。年俸は75万ドル（約8000万円）の1年契約で、打席数によって支払われる出来高は最高で125万ドル（約1億3000万円）。基本年棒と出来高を合わせた総年俸は、最大でも200万ドル（約2億1000万円）だという。

私はこの契約条件を見て、イチローに対する大リーグの厳しい評価を感じた。

この「最大200万ドル」は2017年に所属したマーリンズの年俸と同じだが、基本年俸だけを見れば、マリナーズ時代に得ていた自己最高年俸1800万ドル（約19億円）の24分の1。しかも満額の200万ドルをゲットするには、2015年以来となる400打席以上をクリアしなければならない。

これまでの年間打席を見ると、マーリンズ1年目の2015年は438打席だったが、この年は外野手として88試合に先発出場していた。２０１６年は先発出場59試合で３６５打席、２０１７年は同23試合で２１５打席だった。

つまり出来高を含めた満額をゲットするには、レギュラーに近いスタメン出場をしなければならない。

２０１８年が最後のシーズンになるか

マリナーズのジェリー・ディポトGMは球団公式サイトのインタビューで、「球団の象徴をベンチに座らせておくつもりはない。彼の能力に見合った機会を与える」と語り、開幕から正左翼手として起用する方針を明らかにした。

しかしこれは現状のチーム事情が前提で、シーズンを通じて常時出場できる保証はない。

そもそもマリナーズが開幕まで3週間を残し、キャンプが始まって約2週間も経ってからイチローと突然契約したのは、正左翼手のギャメルが右わき腹挫傷で戦列を離脱するなど故障者が続出したからだ。

マリナーズに故障者が続出するまでメジャーのどの球団からもオファーがなかったことから、全国紙の「USAトゥデイ」などは、「イチローが1年間プレーしたとしても、これが最後のシーズンになるだろう」と手厳しい。

自分の体で人体実験？

肩やヒジを手術してメジャーで戦力外になった選手と、過去の実績だけで高額の複数年契約を結ぶ日本のプロ野球とは逆に、大リーグではどんなに実績がある選手でも、現在の力を冷徹に判断して安い条件で1年契約をする。

イチローも、技術と体力にはまだ自信があるのだろう。入団発表の記者会見で年齢のことを聞かれると、語気を強めた。

「みなさん、よく50歳までという話をされることが多いですけど、僕は最低50歳といつもいっているので、そこは誤解しないでほしいですね」

「実際にその年齢に達した選手は20代、30代のときと同じように動けている例が少ないという。これは歴史から導かれる答えというか。ただ、どうやってそこまで過ごしてきたかということによって、同じ年齢でも状態が違うということは当然なんだろうと。そういう見方をすれば、それ（年齢）だけでくるのはどうなのかな、という思いはあります」

しかし私は、イチローが50歳まで現役にこだわる理由がわからない。日米で誰もまねのできない実績を残し、経済的にも十二分の蓄えができたはずなのに、大リーグの最低保障（54万5000ドル＝約5800万円）に近い年俸でなぜ現役生活を続けるのか。

もしかしたらイチローは、名声のためでも富のためでもなく、自分の体力と技術がメジャーでいつまで通用するか、壮大な人体実験をしているのではないか。

そうであれば、すべての謎に説明がつく。

現役はもういいだろう

彼は古巣への入団会見で「最低50歳」までは続けると、あらためて宣言した。これまでイチローが第一線で活躍できたのは、長年、厳しい練習と摂生を続けた結果である。これは立派なことだが、もういいだろう。

人間は誰でも、年齢とともに肉体が衰える。ましてや長年、勝負に明け暮れるプロ野球選手は、一般人とは比べものにならないくらい体力を消耗する。

最近、若いころより足が速くなったといわれるイチローも、天才的なバットコントロールに陰りが出ていることは数字が証明している。

私が現役時代から師事していた人生哲学者の中村天風さんは、「人は誰でも、この世の進化と向上のために生まれてきたのだ」といっている。

イチローもいつまでも現役にこだわるのではなく、もう引退して、メジャーで積み上げた実績と経験を後輩たちに伝え残す責任がある。

これだけの記録を残したのだから、ボロボロになって引退するより「まだやれるのに」と惜しまれてやめたほうがいい。

指導者としての第二の人生が待っていることを、忘れてはならない。

いまこそバットを置いて指導者になれ

2018.05.12

どんな世界でも、出処進退ほど難しいものはない。

そして進退にもいろいろあるが、今回のイチローの場合ほどわかりにくい引退は見たことがない。

そもそもプロ野球では、自分にとっての〝この一球〟が打てなくなったり投げられなくなったときに、「ここまでだな」と引退を決意する。代表的な例が、世界のホームラン王・王貞治である。

ところが米大リーグのマリナーズは、２０１８年3月にＦＡで古巣に復帰したばかりのイチローを5月3日、突然メジャー出場ができる40人枠から外し、会長付特別補佐（アドバイザー）に就任させた。開幕から29試合で、事実上の戦力外・引退である。

理解に苦しむのは、イチローはチームとあらためて生涯契約を結び、同行して練習しながらチームや選手をサポートするということだ。
しかも、2019年以降は現役復帰して試合に出ることも可能だという。

珍妙な契約はマリナーズ東京開幕戦のためのビジネス戦略

考えてみれば、2017年限りでマーリンズからFAになり、どこからも声がかからなかったイチローを開幕直前の3月、古巣のマリナーズが急遽採用したのは、主力選手に故障者が続出し、手薄になった外野手の穴埋めのためだった。

イチローは2018年、外野の控えとして29試合のうち15試合に出場したが、先発出場した13試合で9安打、打率・205。故障した選手たちも復帰して外野陣が定員オーバーになると、地元のメディアやファンから「イチロー不要論」が強くなった。

チーム編成の責任者であるジェリー・ディポトGMとしては、いつまでもイチローを特別扱いはできないので戦力外にしたが、3000本安打の功労者をファームに落とすわけにもいかず、レジェンドの顔を立てる形で珍妙な処遇にしたのだろう。

しかもチームに同行して練習することを許し、2019年の現役復帰に含みを残したのは、3月に東京で行われるマリナーズの開幕戦にイチローを出場させるビジネス戦略だろう。

その実態は練習生

今回の人事について、球団もイチローも「引退」という言葉は使っていないが、その実態は「練習生」だ。

それでもイチローは、特別補佐への就任について「大好きなチームメイト、大好きなチームですし、そのチームがこの形を望んでいるのであれば、それが一番の彼らの助けになるということであれば、喜んで受けようという経緯です」と語った。

この言葉には、メジャー人生の出発点だったマリナーズへの感謝と報恩の気持ちがこもっている。だが古巣への恩返しというなら、祖国の野球のために第二の人生を捧げる気持ちにはなれないのだろうか。

私はこれまで、著書や連載で「イチローは引退して指導者になれ」と繰り返してきた。そして大リーグで日本人打者として初めて3000本安打を達成し、日米通算4000本以上のヒットを打った天才が、日本の若い選手に「どうやって打つのか、どうやれば打てるのか」をわかりやすく教えてくれるのを楽しみにしていた。

どうしても日本に帰るのがいやなら、第二の故郷・アメリカのマイナーリーグで打撃の神髄を教え、やがて日本人初のメジャー監督になるのもいいではないか。

偉大な野球人生に汚点を残すな

ところがイチローは、〝引退勧告〟を受けてもなお、「僕は野球の研究者でいたい。自分がいま44歳で、アスリートとしてこの先どうなっていくのかを見てみたい」と目を輝かせた。

そして「ブランクが空くが、2019年シーズンにプレーできるのか」と聞かれても「イメージできないことはない。やってみないことにはわからない。それも研究材料の一つ。遠いけれど目標を持っていられることは大きなこと」と語っている。

先ほど私は、「もしかしたらイチローは、自分の体力と技術がメジャーでいつまで通用するか、壮大な人体実験をしているのではないか」と書いた。

イチローが事実上の引退会見で「僕は野球の研究者でいたい」と語るのを聞いて、私は「やっぱりそうか」と思った。

イチローはかつて、〝侍ジャパン〟の看板選手としてＷＢＣ（ワールド・ベースボール・クラシック）での優勝に貢献した。いま、彼が命がけで挑戦してきた大リーグの最終評価がくだった以上、侍らしく潔くバットを置いたらどうか。

ボロボロになるまでたった一人の研究を続けて、日本の誇りでもある偉大な野球人生に汚点を残してはならない。

検証 イチロー、45歳で引退。真価が問われる〝第二の人生〟

「最低でも50歳までは続けたい」と語っていたイチローの現役生活は、45歳で終わった。

2019年3月21日、東京ドームで行われた米大リーグのレギュラーシーズン開幕第2戦。マリナーズ対アスレチックスの第1戦に続いて9番ライトで先発したイチローは、8回裏の守備についたところで交代を告げられ、米国で19年目、日米通算28年目の現役生活は終わった。

いったん守備についた選手が交代でベンチに引き上げるのは珍しい光景だが、あとから思えば、これもメジャーの記録男・イチローに対する引退セレモニーの始まりだったのだろう。

オープン戦ならともかく、大リーグの真剣勝負・開幕シリーズで、試合を中断してチームメイト全員がベンチ前でハグで出迎え、驚いたことに相手のアスレチックスベンチでも、全員が立って拍手を送った。

拍手と歓声が鳴りやまない満員のスタンド。延長12回、マリナーズが5－4で勝ったあとも、ファンは「イチロー！」と連呼し、やがてイチローウェーブがスタンドを巡った。

試合後、ロッカールームで記者会見の準備などをしていたイチローは、最終電車を気にしながらも帰らないファンのアンコールに呼び戻されるようにベンチ前に姿を見せた。スタンドを見回したイチローは、やがて手を振りながら笑顔でグラウンドを一周して、祖国と駆けつけたアメリカのファンに最後の別れを告げた。

監督就任拒絶は日本プロ野球への不信感？

このあと、球場内で記者会見が行われた。印象的だったのは、「引退後は監督になったり、指導者になったりするのか？」と聞かれたとき、「監督は絶対無理。人望がないんですよ、僕」と語ったことだ。

そして、「アマチュアとプロの壁が日本の場合、特殊な形で存在しているのでね。どうなるんですかね、そのルール。いままでややこしいじゃないですか。自分に子どもがいて高校生だとすると、教えられないですよね。変な感じじゃないですか。小さな子どもなのか、高校生なのか、大学生なのか、わからないですけど、そこには興味がありますね」と言葉をつなぎ、アマチュアの指導には関心を示した。

言葉を選びながらの、イチロー節の記者会見は1時間23分にわたって行われたが、プロ野球での監督を「絶対無理」と自虐的に否定したのは、オーナーが人気優先で監督を選び、成績が悪かったらすぐクビを切る独善的な日本のプロ野球に不信感を持っているからだろう。

そして興味を示したアマチュア指導者の世界についても、プロとアマのいびつな関係に懸念を抱いていることがわかる。

指導者として日本の野球に恩返しを

私は連載や著書で、「イチローはもう引退して指導者になれ」と何度も書いてきた。理由はすでに述べた通りだが、彼は今後の進路について、記者会見で「『ゆっくりしたい』とかは全然ない」といい切った。これまでのスーパースターのように、天文学的な生涯収入と高額の年金に守られて家庭サービスに専念する気はないようだ。

私もイチローには、これまで誰もできなかった経験と技術を、指導者として後輩たちに伝えてほしい。そうすることで、日本野球のさらなる進化と向上のために尽くし、祖国に恩返しをしてもらいたい。

記者会見でイチローは「人望がないから監督は無理」と断言したが、これからの第二の人生で社会人としての経験と研鑽《けんさん》をつめば人徳は身についてくる。

コーチ・監督として未熟な選手を指導するのは、つらいし苦労も多い。だが、これまで約19年間、異国の大リーグで続けてきた苦労に比べれば、耐えられないことはないはずだ。

イチローはプロ野球の監督就任を拒絶したが、野球界は日本が生んだ偉大な選手の経験と技術を後世に伝え遺すため、コミッショナー主導で思い切った改革を進め、イチローを指導者として迎え入れる道を拓《ひら》くべきだ。

日本の筋トレ選手はイチローに学べ

彼が45歳まで大リーグで現役を続けることができたのは、入念な体の管理と不断の練習のたまものである。毎日、自宅のトレーニングルームでストレッチを続け、試合のビデオ映像でフォームをチェックして打ち方を改善してきた。

２０１６年に大リーグ通算３０００本安打を達成したとき、テレビのイチロー特集で見たが、自宅のトレーニングルームには日本から取り寄せたというさまざまな機材が並んでいた。イチローは股関節を広げるマシンにまたがっていった。

「体が丈夫ということは、イコール『強さ』とか『大きさ』と考える人が多いと思いますが、僕はまったく逆。『丈夫』＝『柔らかさ』と思っている。あとバランスね。そう考えると、日々の体の鍛え方は逆に変わる。それによって、いまの僕という選手がいる」

この言葉は、１８０センチ、77キロのイチローが大リーグで数々の記録を樹立し、

45歳まで現役を続けることができた秘訣を象徴している。筋力トレーニングをプロレスラーのような肉体改造と勘違いしている日本の選手たちは、耳の穴をかっぽじってよく聞くがいい。

人間は、年をとれば体が衰えて必ず死ぬ。イチローも、50歳までの現役をめざしていたが、45歳で限界を知って引退した。これまでよく頑張ったが、大事なのはこれからだ。

ユニフォームを脱いだ第二の人生で、何を悟り、どう生きるか。人間・イチローの真価が、これから問われる。

「フライボール革命」に異議あり

2018.04.14

4月初めのサンケイスポーツを見て、私は目を疑った。最終面を埋めた「フライボール革命」という特集である。

打撃の基本は強いゴロやライナーを打つことだが、あえてフライで長打を狙う「フライボール革命」が日本でも旋風を起こしつつあるという。

特集によると、「フライボール革命」は2017年、米大リーグで球団史上初の世界一になったアストロズが導入した打撃理論だが、日本でもスポーツのデータを収集、分析する企業の調査結果で、この革命的な理論が証明されたという。

「数字やデータを掘り下げ『真実』を探る 科学特捜隊」というカットがついた特集には「ボールを『上からたたく』はもう古い」という大見出しが躍り、「フライ率（フェアゾーンに飛んだ全打球に占めるフライの割合）が打撃成績に影響」という縦見出しもついている。

当然、本文では、特集のテーマを裏づける根拠を説明している。

たとえば、あの天井を向いてバットを振り抜くアッパースイングの柳田悠岐（ソフトバンク）は、２０１７年からフライを打つ意識を高め、フライ率が２０１６年の36・６％から51・８％に急上昇。その結果、打率は・３０６から・３１０に、ホームランも18本から31本に増えたという。

同じ理屈で、長距離ヒッターではない西武の外野手・金子侑司も、フライ率が２０１６年の27・７％から39・６％に上がったら、打率は・２６５から・２７２に、本塁打も１本から５本に増えた。

逆のケースも紹介している。ヤクルトの山田哲人はフライ率が56・５％から52・４％に落ちたことで打率が２０１６年の・３０４から２０１７年は・２４７に低下し、本塁打は38本から24本に激減した。

そしてＤｅＮＡの筒香《つつごう》嘉智も、フライ率が59・８％から２０１７年は52・４％に下がり、打率は・３２２から・２８４に、本塁打も44本から28本と、成績が急降下した。

たしかに野球のデータは事実であり、データ分析は尊重しなければならない。

しかし、特集でとりあげた実例はほんの一部で、フライ率と打率や本塁打数の因果関係は証明されていない。ニワトリが先か、卵が先なのか。

第一、柳田、山田、筒香らの打撃成績のアップダウンには、調子の波や体調など、それぞれに個別の事情や理由があるはずだ。フライが増えたから、減ったからという単純な話ではない。

柳田は極端なアッパースイングでもよく打つが、あれは彼独特のスイングで、決してまねをしてはいけない。もし彼がレベルスイングに直したら、ヒットもホームランも、もっと打てると私は思う。

投手が投げる球も打球も、回転（スピン）が速いほどホップする。つまり投球も打球も、手前で上から下に強いスピンを与えれば、空気抵抗に乗って浮力がついて伸びるのだ。

ところが、打者がフライを打とうとすれば、バットが下から出てアッパースイングになることが多い。これでは打球を伸ばすスピンをかけるのは難しいし、高めの球はどうやって打つのか。

特集では「打撃の常識とされてきた『上から強くたたく』『転がせば何かが起きる』という考え方は、過去のものになろうとしている」という。しかし、いわゆる「ダウンスイング」というのは上から下にたたき落とすのではない。

基本である水平に振れる選手がいないから、構えたトップからミートポイントまで最短距離でまっすぐバットを振り出すということだ。

世界記録868本をたたき出した、王のダウンスイング

私も巨人で一緒にプレーした王貞治は、ネクストバッターズサークルに入ると、2、3歩歩くようにして縦振りをした。一見、大根切りに見えるので、担当記者が理由を聞くと、「素振りで極端な縦振りを体に覚えこませておけば、打席でボールを打つときにちょうどレベルスイングができる。素振りで水平に振っていたら、本番ではアッパースイングになる。人間の体なんて、そんなものだよ」といった。

バットを水平に振るということは、ウェイト、つまり頭が後ろ（捕手側）に残らない。重心が体の真ん中にあるスイングをすれば、頭（ウェイト）が後ろに残らないのだ。

ところが、バットが下から上に抜けるアッパースイングの場合、右打者なら右の腰が下がって左側の腰が高くなる。これではレベルスイングのようにボールにスピンをかけて強い打球を飛ばすことは難しく、バットの芯に当たる率も低い。

王が荒川博コーチと一本足打法に取り組んだとき、毎晩足の指が裂けるほど素振りをし、日本刀でワラの束を切る練習もした。こうして完成した打法が、構えたところからミートポイントまで一直線に振り抜くダウンスイングであり、「フライボール革命」とやらのアッパースイングとは違う。

打撃の基本はセンター返し

私が若いころ、巨人の大先輩・青田昇さんから「ヒロよ、打撃の基本はセンター返しだ」と教えられた。打率・３１４、15本塁打で新人王になった私は当時、長打の魅力にとりつかれて青田さんの教えを軽く考えていた。あのころ「センター返し」の真意を悟っていたら、私の打撃成績はもっとよくなっていただろう。

史上唯一、三冠王３度の落合博満も「バッティングの基本はセンター返し」と、以下のように著書『勝負の方程式』（小学館）に書いている。

「私の絶好調時の打球は、ピッチャーライナーである。（中略）ピッチャーの真ん前に痛烈な打球を飛ばすことは、もっとも難しい。（中略）それができたということは、すべての面で、私の計算どおりにボールをたたけたことを意味している」

「基本であるコンパクトなスイングを考えた場合、トップの位置からミートポイントへバットを一直線に振り出すのがいい。（１）バットを振り抜く理想的な方向はセンター。（２）トップの位置を深く取り、そこからミートポイントまで一直線に振り出し、フォロースルーはできるだけ大きく取る」

「これは大振りとは違う。大振りとは、トップの位置からミートポイントまでの軌道が定まらないこと。つまりミートポイントまでが一直線でなく、単に遠回りしているスイングを指す。

トップの位置からミートポイントに一直線に振り出すスイングを身につければ、スイングのスピードは速くなり、体の小さな打者でも強く鋭い打球、距離の出る打球が打ち返せるはずだ。

大は小を兼ねる。体が小さな選手でも、トップの位置はできるだけ深く、柔らかく、スイングの弧は大きく描くこと」

ホームランの世界記録868本を放ち、2度三冠王になった王と、3度の三冠王を達成した落合が身につけた打撃の基本は、フライで長打を狙う「フライ打法」とは真逆である。

シーズン最多のホームラン記録（当時）である55本を放ったとき、王は担当記者のインタビューに答えている。

「狙って打ったホームランは1本もない。2ストライクまでは真ん中直球を待ち、ライナー性のいい当たりだけを心がけて打った。そのうちの、いい角度で上がった打球がホームランになっただけだよ」

検証

ワールドシリーズを制したレッドソックスの「脱・フライボール革命」

アメリカで「フライボール革命」というアッパースイング打法が主流になっているらしいが、とんでもないことである。

野球には昔からさまざまな理論があるが、大事なのは不変の基本を忘れてはならないということだ。

バットを下から上に振り上げるアッパースイングの欠点は、右バッターの場合、左脇が空くことだ。球に向かってバットを振り出すとき、両ヒジと両脇が体の内側に締まっていなくてはいけない。いい換えると、バットを持った両手が同等の力でピュッと締まったときに、一番スイングスピードが出る。

ところが、バットを下からすくい上げるアッパースイングだと、どうしても左ヒジが上がって開いてしまう。バットを構えたトップからまっすぐ球に向かって振り下ろすレベルスイングのようにヒジと脇を締めたままでは、下から上にバットを振ることができないからだ。

結果として、アッパースイングでフライを打とうとすれば、真ん中から低めの球を狙うローボールヒッターになり、逆に高めの速球には弱くなる。

天敵・門田を抑えた高め攻め

私が西武の監督時代（1982−1985年）、南海に門田博光という左の4番バッターがいた。右足を高く上げる独特の一本足打法で、通算記録の567本塁打と1678打点がともに歴代3位の強打者だった。

当時、西武は彼によく打たれた。私がヘッドコーチの森昌彦に「門田を抑えるにはどうしたらいいか」と聞くと、「彼はローボールヒッターだから、高めに弱い」と教えてくれた。

それでも高めを攻めて打たれることがあったので、「高めでも打たれるじゃないか」というと、森は「それは相手もプロだから、高めでも気の抜けた球は打たれますよ」という答えだった。

たしかに門田は身長170センチの小柄ながらリーグ屈指の長距離打者だ。漠然と高めを攻めるだけでは通用しない。私は投手たちに「高めに投げるときは『気』を入れてしっかり投げろ」と指示した。その後、高めの失投が減ると門田に打たれることも少なくなった。

「最近のフライボール革命は大きな間違いだ」

日本人はなんでもアメリカの猿まねをするが、いくら大リーグで流行になっている技術や作戦でも、日本人選手と日本の野球に有効で適しているかをよく研究してから採用すべきだ。日本でも「メジャーではフライボール打法が主流になった」と信じ込んでいるコーチがいるようだが、大リーグは本当にアッパースイングが主流になっているのか。

2018年が大詰めを迎えた12月29日、NHK BS1で興味深い番組があった。『スポーツ イノベーション「大谷翔平×MLB革命」』である。

「フライボール革命」のタイトルで始まった番組によると、打球をデータ分析した結果、ゴロよりフライのほうが相手にダメージを与えることがわかったので、多くの選手が打球の角度を上げようとし、大リーグのホームラン数は2017年に史上最多の6105本を記録したという。

ところが、時代の流れに反抗する戦略も現れた。2018年にア・リーグで優勝したレッドソックスの主砲、J・D・マルティネスは「我々はフライばかりを狙ったりはしない。最近のフライボール革命は大きな間違いだ」と断言する。

レッドソックスを脱・フライボール革命に導いたアレックス・コーラ監督は、2017年までアストロズのベンチコーチを務め、フライボール革命にいち早く取り組んでチームをワールドシリーズ優勝に導いた男である。

しかし翌年、ライバルチームの監督になったとたんに脱・フライボールに舵を切った理由を、コーラ監督は「私はレッドソックスで、アストロズの戦略をさらに進化させようとした。選手にはよりアグレッシブに、ハードヒット、強い打球を打つことを心掛けさせた」という。

「ボールの中心をとらえて打球の速度を上げろ」

コーラ監督が選手たちに指示したのは、角度より速度。「ボールの下を叩いて高く上げるのではなく、中心をとらえて打球の速度を上げろ」だった。

データがある。レッドソックスの「ハードヒット」(打球速度152キロ以上)の割合はMLB全体の20位だった2017年の32・7％から、2018年はメジャー1位の40・1％に跳ね上がった。なかでも4番のマルティネスは、打球の角度が2017年は平均15・4度だったのが、2018年は10・6度に下がり、打球速度は逆に146・1キロから149・4キロに上昇している。

強い打球を意識した打法改造で、2018年のマルティネスは43本塁打（リーグ2位）、130打点（リーグ1位）、打率・330（リーグ2位）。メジャー屈指の強打者に成長したマルティネスは、「今年は相手投手やランナーの状況によってどんなスイングをするか変えている。すべてホームランを狙う打撃はもう通用しない。点を取る方法はホームランだけじゃない」といい切っている。

フライボール革命の弱点は高めの速球

レッドソックスは、なぜ角度より速度を重視したのか。MLB公式アナリストのマイク・ペトリエーロは番組で、「フライボール革命に対抗する戦術が生まれている。高めのストレートを投げる投手が増えているのだ」と分析する。そして、フライボール革命の弱点は「高めの速球」だという。

MLBに「ストレートの空振り率」というデータがある。

それによると、右打者の場合、2018年は内角高め35％、外角高め32％、内角低め17%、外角低め24%となっている。つまり内角から外角まで、高めは低めや真ん中より10～20%空振りが多い。フライボール革命でアッパー気味のスイングが増えたため、高めの空振りが増えたのだ。

一方、レッドソックスのストレートの空振り率を見ると、内角高め33%、外角高め27%、内角低め9%、外角低め16%。

前述のメジャー平均と比べると、レッドソックスの空振り率はほとんどのコースで下回る。全員で空振りを減らそうとしたことで、本塁打数は208でMLB8位だが、平均得点5・41は同1位である。

コーラ監督は、「このチームにはベッツやマルティネス以外にも強い打球を打てる選手がそろっている。一人で点を取るのではなく、全員が役割を果たすからこそ、多くの得点を生み出すことができるのだ」と総括している。

脱・フライボール革命は、2018年のワールドシリーズでも証明された。相手はフライボール革命を前面に押し出し、ナ・リーグトップの235本塁打を誇るドジャースだった。

レッドソックスは第1戦の1回、先頭のベッツがドジャースの左腕エース、クレイトン・カーショウの高めの速球を打球速度164・5キロのライナーでセンター前にはじき返して出塁し、盗塁。2番のベニンテンディも高めの速球をライト前ヒットとわずか8球で先制し、4番マルティネスが左中間に170・4キロのライナーを放って追加点。カーショウを4回0／3、被安打7、失点・自責点5で攻略し、シリーズの主導権を握った。

この第1戦を8－4で先勝したレッドソックスは勢いに乗り、4勝1敗でドジャースに圧勝。5年ぶり9度目の世界一に輝いた。


何事も制度や理論には一長一短があり、賛否両論がある。いま大リーグを席巻しているといわれる新打法・フライボール革命は早くも日本に感染し、選手や野球評論家の間にも信者を増やしているが、体力も身体能力もメジャーと違う日本には、日本にふさわしい野球があるはずだ。

私が連載でフライボール革命に「待った」をかけたのは、打撃の本質を忘れてなんでもアメリカの猿まねをする日本の野球に警鐘を鳴らしたかったからだ。私の懸念を、レッドソックスがワールドシリーズで証明してくれた。

日米野球の勝因は大リーグのレベル低下だ

2018.11.24

私はかねがね「大リーグの力も落ちたな」と思っていたが、それが2018年の日米野球であらためて証明された。

11月9日から始まった日本代表・侍ジャパンとMLBの日米野球は、終わってみれば日本の5勝1敗。日米野球で日本が5勝以上したのは、5勝8敗1分けだった1984年のオリオールズ戦以来で、大リーグ選抜軍相手では初めてのことだ。

私も巨人の現役時代、多くの日米野球に出場したが、これまでの日米野球に比べると、今回の大リーグ選抜軍は見劣りした。とくに勝敗を左右する投手陣は8勝のドジャース・前田健太が最多で、エース級の一流投手はいなかった。

前田は古巣の広島に錦を飾ったものの、30年ぶり7度目の世界一を逃したドジャースのエース、カーショウは来なかったし、5年ぶり9度目のワールドチャンピオン、レッドソックスのエース、プライスの顔もなかった。

このほか、アストロズの二本柱・バーランダーとコールや、インディアンスの20勝投手クルーバー、ヤンキースで19勝を挙げたセベリーノ、ナショナルズの18勝シャーザー、前巨人で18勝のマイコラス（カージナルス）、カブスの18勝レスターなど、日本のファンもよく知っているスーパースターの名前はなかった。

一方、野手も強肩強打の名捕手モリーナ（カージナルス）を除いては、ナ・リーグ新人王のアクーニャJr.（ブレーブス）と同リーグ得票2位のソト（ナショナルズ）程度だった。

スーパースターは日本遠征より休養優先

日米野球は1931年から本格的に始まった。

第1回の大リーグ選抜軍はヤンキースの鉄人、ルー・ゲーリッグを看板とするそうそうたるメンバーで、大学や社会人野球の人気選手を集めた全日本軍や、早稲田大学などの学生チームを相手に17戦全勝。ベーブ・ルースが参加した第2回（1934年）以降も、投打のスーパースターをそろえて日本のファンを喜ばせた。

今年の大リーグ選抜軍に、第一線で活躍している選手が少なかったのには理由がある。

FA制度で複数年契約の天文学的高額年俸を手にしたスーパースターたちが、「もう金はいらない。シーズンオフはゆっくり休んで家庭サービスだ」と考えているからだ。

誇りを失った大リーグ

問題は、大リーグの年俸バブルでスーパースターが来なくなっただけではない。今回の日米野球で残念だったのは、大リーグの選手たちが「日本に負けたら恥ずかしい！」というメジャーの誇りを失っていたことだ。

今回の日米野球を振り返ると、侍ジャパンの5勝のうち3勝は終盤の逆転勝利だった。私の体験では、日本チームがリードすると大リーガーの顔色が変わった。それまではヘラヘラと親善ムードを振りまいていても、リードされると、シッポを踏まれた虎のように「日本に負けたら恥ずかしいぞ」と目を覚ましてボコボコに反撃したものだ。

ところが今回は、日本にリードや逆転を許すとアメリカベンチがシュンとすることはあっても、「よし、負けるものか!」と反撃に出る空気と気迫がまるでなかった。では日本野球は、長年負け続けた大リーグに圧勝するほど強くなったのか。答えはノー。日本が強くなったのではなく、メジャーの力が落ちたということだ。

30球団に拡張したツケ

当初大リーグはアメリカン・ナショナル両リーグで計16球団だったが、拡張を繰り返し、1998年には計30球団まで増加した。

FA制度の導入などで年俸が高騰し、年俸総額の上限を設定するサラリーキャップ制の導入をオーナー側が提唱、選手会側の反発による長期ストで観客動員が激減したため、コミッショナー主導で共存共栄のための大規模な構造改革が行われたのだ。このため一時はどん底にあえいでいた球界は再生し、増収増益を続けている。

しかし私にいわせれば、このリーグ拡張政策の結果、それまで2Aや3Aといったマイナーリーグレベルだった選手がメジャーに組み込まれ、結果として大リーグ全体の技術水準が薄口になった。

たしかに今回の選抜チームはスーパースターがほとんどいなかった。だがアメリカの敗因はそれだけではなく、メジャー全体のレベル低下を反映しているのではないか。

そして「メジャーに勝ってやろう」と一丸となってぶつかった日本選手の気力が、誇りを失った大リーグ選抜軍を上回った。それだけのことである。

検証
アメリカがメジャーで使える選手を日本に渡すはずがない

シーズンオフのある日、どこかのテレビでプロ野球をテーマにしたバラエティ番組を流していた。例によって何人ものコメンテーターが、あーでもない、こーでもないと勝手な意見を述べている中で、外国人のゲストが「日本は融通がきかないから、あんまりうるさいことをいうと、いい外国人選手が来なくなりますよ」といっていた。

私はムカッとして、「日本に来たくなければ来なければいいじゃないか!」と思った。日本人は昔から、何事によらず日本人より外国人のほうが偉いと思っている。そういう風潮は大間違いだ。

日本人選手は野茂英雄、イチローに始まって大谷まで、野球の本場・アメリカで活躍したいという夢をもって大リーグに挑戦している。だが外国人選手は、日本に出稼ぎに来ているのだから、日本のルールに従うべきだ。

ところが日本の球団が外国人選手に日本のやり方を勉強させているかというと、遠慮して教えない。

どのチームも投打で外国人選手に頼っているが、いくら速い球を投げても、いくら遠くに打球を飛ばしても、日本に来る選手は3Aか2Aクラスのマイナー選手である。

いまに始まったことではないが、大リーグがメジャーで使えるレベルの選手を日本に行かせるはずがない。何か大きな欠点があるから代理人がメジャーを諦め、日本で買い手を探して売りつけるのだ。それを日本の球団は、ありがたがって高額で契約する。

たしかに日本のプロ野球はアメリカの3Aレベルだが、そろそろ外国人選手を獲るときはしっかりリサーチして、代理人に騙されないようにしなければいけない。

そしていい人材を獲得したら、日本の野球や集団生活のルールを厳しく教え込むべきだ。

第4章

ソフトバンクの連覇とCSの欠陥

工藤・ソフトバンクは2019年シーズンこそ〝真の日本一〟をめざせ

2018.11.10

2018年のプロ野球日本シリーズは、ソフトバンクの一方的な勝利で終わった。2－2の引き分けで始まったシリーズだが、独走でセ・リーグ優勝を決めた広島が地元での2回戦を5－1で勝ったときは、パ・リーグ2位でCSを勝ち上がったソフトバンクを圧倒する勢いだった。

ところが舞台が福岡に移ったとたん、流れは逆転した。その後、ソフトバンクの4連勝で史上5度目の下克上日本一が決まったとき、驚いたファンも多いだろう。終わってみればカープは1勝4敗1分けの完敗だが、試合内容をみれば、打ち合いでも投手戦でも、両軍は持ち味を十分発揮してほぼ互角の戦いだった。

勝負に「たられば」はないが、何事にも結果には原因がある。そして野球にも、勝者と敗者には勝因と敗因がある。

ソフトバンクの勝因を考えるなら、一つは工藤公康監督がＣＳから日本シリーズまで、先発ローテーションを守り通したことだ。

そして投手出身で、投手の気持ちを知り尽くしているだけにいつもは投手交代に慎重な工藤が、シリーズでは一手早め早めに動いたのも、長い投手生活と豊富なシリーズ経験の成果である。

しかもそのリリーフが、ほぼ完璧に役目を果たした。この大舞台でこれだけの結果を出す投手陣を整備できたのは、工藤が豊富な経験と実績を持つ投手出身だったからだ。現役の外野手から指導者経験もないまま監督になった巨人の高橋由伸や阪神の金本知憲には、成し得なかっただろう。

こういえば、「工藤も指導者経験がないまま監督になった」という指摘があるだろう。だが工藤には、通算29年間にわたって5球団を渡り歩いて、いろんな監督のさまざまな野球を見てきた財産と、評論家として外から野球を勉強した経験がある。

MVP捕手・甲斐の武器は強肩よりコントロール

勝因は投手ばかりではない。なかでも強肩捕手・甲斐拓也の活躍はめざましく、育成選手としては史上初めてシリーズMVP（最高殊勲選手）に選ばれた。

甲斐はシリーズ打率・143だったが、6連続盗塁阻止でシリーズ新記録を樹立し、100％の盗塁阻止率を達成した。だからセ・リーグ1位の盗塁数を誇る広島も、このシリーズでの盗塁成功はない。

マスコミは「甲斐キャノン」という強肩の代名詞を献上したが、私は彼を強肩とは思わない。

甲斐の強肩の秘訣について、新聞や野球解説者は「捕球と同時に、左足を素早く踏み出して送球の体勢に入る」「捕ってから投げるまでが速い」と絶賛しているが、甲斐の最大の武器は、二塁ベースに百発百中の〝ストライク〟を投げる絶妙なコントロールである。

私は現役時代、巨人のショートだったが、盗塁を刺すのは送球のスピードよりコントロールであることを実感している。

たとえば投手がクイックモーションで投げてから、捕手の送球が二塁に届くまで計3・2秒だが、捕手からの送球が1メートル横にそれたり、ジャンプして捕るほど高かったら、タッチまでさらに0・4秒ほどかかる。これではアウトにできるはずがない。

甲斐は大分県・楊志館高校出身の8年目で身長170センチ。育成選手として入団してからこれまで、コツコツ制球力を磨いて最強軍団の正捕手まで上り詰めたのだろう。

ただ6連続盗塁阻止の新記録も、史上初の育成選手MVPも、甲斐一人でできたものではない。忘れてならないのは、投手のクイックモーションである。

盗塁成功の要諦は、走者がいかに投手のモーションを盗んで、早いスタートを切るかである。投手が正しいクイックモーションで投げ、捕手が二塁に正確な送球をしたら、盗塁は絶対できない。

逆に投手がクイックができず、走者にモーションを盗まれたら、いくら甲斐でも盗塁を阻止できないのだ。

つまり今回のシリーズで、甲斐が盗塁を完全阻止できたのは、ソフトバンクの投手陣が素早く正しいクイックモーションをしていた証明でもある。

CS制度はやはり間違っている

2018年11月5日のテレビ番組で、工藤は「甲斐はもともと肩が強いが、シーズン中も毎日、バッテリーコーチと一緒に、どうしたら盗塁を確実に阻止できるかを話し合い、練習を繰り返していた。日本シリーズのMVPは、そうした努力の結果でしょう」と語っていた。

これは大事なことで、地肩が強いだけでは本当の強肩とはいえない。

このエピソードは、それぞれの担当コーチが毎日、選手につきっきりで正しいプレーが身につくまで教え込んでいる証拠である。

そして工藤が、コーチ陣を存分に動かしてチーム力を高めてきた証でもある。

私は西武の監督時代、手元において公私にわたって指導した新人・工藤が、就任以来4年間に3度も日本一監督になったことを誇りに思う。

しかし私は、工藤・ソフトバンクを2018年シーズンの日本一とは認めない。長いペナントレースで、やはり私の教え子である辻発彦監督の西武にリーグ優勝を許しながら、CSファイナルを勝ち抜いて日本シリーズに出てきたからだ。

たしかにファンはソフトバンクの下克上日本一に歓喜し、球界はポストシーズンの増収増益を喜ぶだろう。しかしその一方で、長いペナントレースを勝ち抜いて、やっとリーグ優勝を勝ち取ったチームとそのファンはどうなる。

何事も制度に完全はない。だがCSは「ペナントレースの勝者がリーグ代表として日本一を争う」という、プロ野球創設以来の根本原則を無視している。

だから工藤・ソフトバンクは2019年シーズン、「パ・リーグの優勝チーム」として真の日本一をめざせ！

検証

大リーグのポストシーズンにラッキーな下克上優勝はない

私は２０１７年のセ・リーグ優勝チーム・広島が、ＣＳでペナントレース３位のＤｅＮＡに負けて日本シリーズに出場できなかったとき、拙著『日本野球よ、それは間違っている！』で「カープファンよ怒れ！　こんなクライマックスシリーズは間違いだ」と書いた。

当時、リーグＶ２だったカープは、２０１８年は自力で日本シリーズに出場したが、こんどはパ・リーグのＣＳで勝ち上がってきたソフトバンクに完敗した。

広島にとって前年の下克上敗退はＣＳの悲劇だったが、２０１８年の日本シリーズはパ・リーグ２位のソフトバンクに力負けしたのだから、「人気のセ、実力のパ」を実証することになった。

「工藤・ソフトバンクは２０１９年シーズンこそ〝真の日本一〟をめざせ」と書い

たが、ペナントレースで3連覇のカープには、セ・リーグで独走するだけでなく「実力日本一をめざせ」といわなければならない。

しかし私にいわせれば、本来、日本シリーズはセ・パ両リーグのペナントレース優勝チームが短期決戦で日本一を決めるもので、ソフトバンクの下克上日本一も、欠陥CSの結果に変わりはない。

いうまでもなくCSは、例によって大リーグのポストシーズンをまねた制度である。

そもそも大リーグがワールドシリーズに出場するア・リーグとナ・リーグの代表を決めるため、「ディビジョンシリーズ(地区シリーズ)」と「リーグチャンピオンシップシリーズ(リーグ優勝決定シリーズ)」をポストシーズンとして始めたのは1994年だった。

両リーグ計6地区30チームに肥大した大リーグは、地区優勝3チームと敗者復活のワイルドカードゲームの勝利チームの計4チームで各リーグの優勝を決めなければばならない制度上の事情があった。

たとえばレッドソックスが2018年のワールドチャンピオンになったア・リーグの場合、西地区1位のアストロズ対中地区1位のインディアンス、東地区1位のレッドソックス対敗者復活戦で勝ち上がったヤンキースが各5回戦制の地区シリーズを行い、勝ち残ったレッドソックスとアストロズが7回戦制のリーグ優勝決定シリーズを行った結果、レッドソックスがナ・リーグの代表・ドジャースとワールドシリーズを戦った。

つまり各3地区の1位チームが同じ条件で過酷なポストシーズンを戦ってワールドシリーズをめざすのだから、下克上の逆転優勝はない。


これに対し日本のCSは2007(平成19)年に始まった。

リーグ2位と3位がまず3試合のファーストステージを行い、2勝先勝のチームがリーグ1位と4勝先勝のファイナルステージを行う日本のCSは、メジャーのポストシーズンと意味も中身も違う。

第一、1リーグ6チームしかない日本で、上位3チームが短期間の〝敗者復活戦〟をしてどうするのか。間違っている。

これでいいのか、オールスター戦

2018.07.21

２０１８年のオールスター戦をテレビで観て、ガッカリした。

球宴は、前半戦で活躍した選手たちがファンに最高のプレーを見せるドリームゲームだが、ファン投票や選手間投票、監督推薦などで選ばれた選手にとっては、名誉と誇りをかけた晴れ舞台である。

それだけに、セ・パ両リーグにとってはリーグの人気と実力を競う戦場で、私が西武の監督のころ、パ・リーグの伊東一雄広報部長には「監督、巨人のいるセ・リーグの人気に追いつくために絶対勝ってよ！」とハッパをかけられたものだ。

いわれるまでもない。私たち首脳陣も同じ気持ちだったので、出場選手が決まるとセ・リーグ全打者の得意コースや弱点を書き込んだチャートをつくって投手陣に教え込んだ。

こうしたリーグをあげた必勝意識が、２０１７年から4連勝で84勝78敗11分けという全パの通算成績につながったと私は思う。逆に全セが通算成績で追いつけないのは、全パの実力に負けるのではなく、「勝ちにいく」という真剣味と気持ちで負けているのだ。

松坂の先発・火だるまに愕然

第1戦は7－6で全パが勝ったが、立ち上がりの1回に全セの先発・松坂大輔（中日）が一挙5点を失ったとき、私は愕然とした。

ガッカリしたのは、西武の秋山翔吾、森友哉のホームランを含む4安打を浴びて1回で降板した惨状より、そもそも「夢の球宴」に松坂が先発したことである。

ファン投票で1位の投手が第1戦で先発するのは、子どもでも知っているルールである。それでも納得がいかないのは、大リーグから戦力外となって帰国後、ソフトバンクで3年間に1度しか登板しなかった投手が、なぜ球宴の先発投手なのかということだ。

2018年、中日にテスト入団した松坂は、前半戦で7試合に登板して3勝3敗。防御率は2・41だが、登板回数は37回1／3しかない。

アメリカでトミー・ジョン手術を受け、球速130キロ台しか出ない投手が、実力日本一といわれる巨人のエース・菅野智之を抑えて39万4704票のファン投票を得たのは、かなりの組織票があったとしか思えない。

もし組織票がなく、純粋なファン投票だとしたら、オールスター選手としての実力評価より、松坂への同情票ということだろう。松坂の復活を願うファン心理は理解できるが、前半戦8勝1敗で折り返した西武・菊池雄星をトップ当選させたパ・リーグのほうが、はるかに健全な投票をしている。

最年長・上原も出場辞退するべきだった

同じ意味で強い違和感をおぼえたのは、第2戦の全セで4人目に登板した巨人の上原浩治である。

「先発枠」の松坂と同様、ファン投票で「中継ぎ枠」のトップとして登板し、新聞は43歳3か月の「史上最年長登板」と持ち上げた。だが10年ぶりにメジャーから古巣に復帰し、11年ぶりに球宴のマウンドに立った上原も、前半戦は中継ぎで0勝3敗、ホールド7、防御率4・09というパッとしない成績だった。

一方、全パの「中継ぎ枠」でファン投票トップになったのは宮西尚生（日本ハム）。宮西は27登板で2勝0敗、ホールド17、防御率1・77で球界を代表する中継ぎエースである。

では、成績の伴わないファン投票1位選手はどうすればいいか。現在の制度では規定通り起用しなければならないが、私は投票してくれたファンに感謝しながらも、本人が出場を辞退すべきだと思う。

そして主催者（日本野球機構）は、「投手として5試合以上登板または10投球回以上」という投票対象選手の条件を厳しくするなど、ファン投票の制度を見直す必要がある。

菅野は超スローボールより江夏の9連続奪三振を見習え

オールスターでもうひとつ許せなかったのは、菅野の超スローボールだ。

第2戦に先発した菅野は、全セのエースらしく2回をノーヒット、失点0に抑えた。しかし、初回2死一塁から全パの4番・山川穂高への初球で、山なりの超スローボールを投げてニヤリと笑ったのだ。

菅野は「見せ場をつくりたかった。ふだんと違った対戦をお客さんが楽しみにしている。盛り上がってくれればいいなと思った」と語ったが、何を勘違いしているのだろうか。

これでは、大相撲の地方巡業で見せる〝ショッキリ〟と同じ発想だ。

第2戦は、2016年の熊本地震復興を支援する特別球宴だったはず。

打撃の神様・川上哲治を生んだ〝野球王国〟でファンに対してすべきなのは、笑いをとるパフォーマンスではなく、プロ野球の神髄を見せて感動を与えることだろう。

巨人のエースならお遊びのスローボールより、江夏豊（阪神）が1971年のオールスター第1戦で記録した気迫の9連続奪三振を見習うべきだ。

FA選手の巨額複数年契約はやめろ

2018.12.08

ＦＡ市場の目玉だった、広島・丸佳浩外野手の巨人移籍が決まった。報道によると、５年契約総額25億５０００万円で、史上最大級の高額条件だという。5年ぶりのセ・リーグ優勝をめざして3度目の指揮を執る原辰徳が全権監督としてゲットした大取引だが、巨人がまたも抜群の資金力とブランド力を発揮したマネー戦争を、私は苦々しく思っている。

私が「間違っている」と思うのは、巨額の複数年契約である。

巨人がＦＡで獲得した第1号は、１９９３（平成５）年末の落合博満だった。落合は複数球団との競合のすえ、1年契約３億８０００万円で中日から移籍した。

その後、今回の丸までふくめ、ＦＡで巨人に移籍した選手は合計26人。このうちなんと20人が複数年契約だった。主な内訳は以下のとおりだ。

1994年末　広沢克己内野手（ヤクルト）　3年6億5000万円
1996年末　清原和博内野手（西武）　5年18億円
1999年末　江藤智内野手（広島）　4年12億円
2006年末　小笠原道大内野手（日本ハム）　4年15億2000万円
2011年末　杉内俊哉投手（ソフトバンク）　4年20億円
2016年末　山口俊投手（DeNA）　3年7億円
2016年末　陽岱鋼《ようだいかん》外野手（日本ハム）　5年15億円

気が緩み、安心するのが人間だ

FA選手の高額複数年契約は巨人だけではない。

選手の立場に立てば、高額で1年でも長い複数年契約がありがたいのは、私も選手出身だからよくわかる。

しかしプロ野球本来の姿としては、複数年契約はやめるべきだ。すべて1年契約がいい。年間4億、5億の給料が、働く前から4年も5年も保証されたら、選手は1年契約のような緊張感を維持できるのか。将来が好条件で保証されたら気が緩み、安心するのが人間である。

たとえば巨人の大物FA選手の場合、杉内は1年目の2012年こそ12勝4敗、防御率2・04と実力を証明したが、4年目からは2ケタ勝利を割り、ここ3年は股関節の手術や肩痛で一軍登板がないまま、2018年秋に引退した。

3年7億円の山口俊も、2年目の2018年こそ9勝9敗で立ち直ったが、1年目は1勝1敗。クリンナップの一角を期待された陽も、1年目は打率・264、本塁打9。2年目の2018年は代打要員のまま打率・245、本塁打10に終わり、規定打席数にも届かなかった。年俸3億円の代打では困るのだ。

このほか、2年4億円でソフトバンクから移籍した森福允彦投手も、〝抑えのエース〟どころか、この2年間で登板は32試合、1勝3敗で、2年目の2018年はもっぱら二軍生活だった。

これらの選手が年俸通りの働きができなかったのは、「ケガが原因だから仕方がない」という同情論もあるだろう。だが、ケガは野球につきものだから、いつもベストコンディションで実力が発揮できることを前提とした複数年契約はやめるべきなのだ。

複数年契約でも成績が悪ければ減俸に

そして複数年契約をやめられないなら、「5年間は身分を保証するが、各年の年俸に見合う働きができなかったら翌年は減俸する。そのかわり、契約以上の活躍をしたら翌年は8億円でも10億円でも出す」というように、「1年契約プラスマイナス出来高払い」を原則とした契約に変えたらいい。

そうでなければ、大リーグに比べて経営基盤の弱い日本の野球は死んでしまうだろう。

丸は千葉県の高校から広島に入り、11年でみごとに一流選手に成長したが、2018年シーズンのようなピークが5年間続くとは思えない。スランプもあれば、思いがけないケガに苦しむこともあるだろう。

だからこそ1年契約とし、さらなる緊張感で野球を続ければ、結果として30億円以上の名選手になる可能性も夢もある。

コミッショナー主導でFA制度改革を急げ

もっとも、広島が4年17億円、ロッテも6年25億円を用意していた現状で、巨人だけ1年契約を提示すれば丸を獲得できなかっただろう。

だから、膨らみ続ける複数年契約をやめてプロ野球本来の1年契約に戻すには、コミッショナー主導のもと、全オーナーが共存共栄の精神でFA制度改革に踏み切らなければならない。

そうすれば選手たちも、毎年ベストコンディションを作って一生懸命働くようになるはずだ。

第5章

高校野球革命のすすめ

高野連は甲子園常連校の〝越境入学〟を許すな！

2018.08.04

２０１８年の高校野球甲子園大会は、夏の大会１００回を記念して新たに7府県を分割し、出場校が史上最多の56校になった。

主催の日本高等学校野球連盟と共催の新聞社は、１００回大会を盛り上げるためにさまざまな記念イベントを展開しているが、私は「高校野球はこれでいいのか？」と心配している。

私が広島県立呉三津田高校の三塁手として地方予選の決勝戦で敗退した69年前、甲子園大会の出場校は、ほとんどが公立高校だった。

ところが今年は56校のうち48校が私立高校で、公立は8校だけ。公立高校にとって甲子園は狭き門となっている。

甲子園の〝全校私立時代〟は近い

しかも56出場校のうち、２０１７年に続く連続出場は優勝した花咲徳栄《はなさきとくはる》（北埼玉）や準優勝だった広陵（広島）など18校。福島代表の聖光学院は戦後最長を更新する12年連続、作新学院（栃木）は８年連続である。

また初出場は６校あるが、このうち公立は県立の白山（三重）と市立の明石商（西兵庫）だけだった。

甲子園代表校の私立化がエスカレートする一方、夏の地方予選に出場した大会参加校は、この３年間だけを見ても２０１６年が３８７４校、２０１７年が３８３９校で、今大会は３７８１校に減っている。

さらに高野連によると、全国の硬式野球部員数も15万３１８４人（２０１８年５月末時点）で、４年連続の減少だという。

これは少子化を反映して高校数や野球部数が減っているのと、生徒がサッカーなど、野球以外の他競技に流れるケースが増えているからだ。

こうした社会情勢のなかで私立の甲子園常連校が増えているのは、全国の優秀な野球少年が各地の私立強豪校や、遠方の野球名門校に集まっていることを意味している。

そしてこれらの野球名門校は、通学できない生徒のために大規模な寄宿舎を設置しているのだが、問題はこの野球合宿所での生活である。

たとえば私が知っている東京の私立強豪校でも、野球部員は午前中の授業に出席するだけで、午後から日没までは野球漬けだった。

基礎教育を身につけるのが高校生活だ

私立高校の広告塔として優秀な野球エリートを集める甲子園常連校は、中学校を卒業後、親元を離れてきた生徒たちを、ちゃんと教育しているのだろうか。

いうまでもなく、野球の練習で心身を鍛えるのも大事だが、高校の3年間は野球だけでなく、将来の社会人として、しっかり基礎教育を身につける時期である。

プロ野球の名門といわれ、球界のリーダーであるべき巨人で、2015年の野球賭博をはじめ、2016年のOB・清原和博の覚醒剤による逮捕、2018年の野球用具の盗難・売却など不祥事が絶えないのも、高校時代のいびつな球児教育と無縁ではないだろう。

たしかに現代の教育制度では、私立高校に学区の制限はない。しかし都道府県の代表を誇りとする甲子園大会で、私立高校だけ日本中どこから入学してもいいのはおかしいだろう。

そして野球少年たちも、甲子園に行きたいのなら家を離れて遠い高校で寮生活を送るより、地元都道府県の高校で甲子園をめざしたらいいではないか。

甲子園球場が高校野球の聖地なら、高野連は100回のお祭りに浮かれるより、足元を見つめ直して〝越境入学〟による野球留学の禁止を検討したらどうか。

よくやった！　公立の星・金足農高

2018.08.25

第100回全国高等学校野球選手権記念大会は、大阪桐蔭高校の春夏連覇で終わった。

しかし、冬場に十分練習できないハンデと、選手が県内出身者だけの県立・金足《かなあし》農業高校（秋田）が、好投手・吉田輝星《こうせい》を大将にして決勝戦まで勝ち進んだのはえらい。

私はこの大会が開幕したとき、史上最多の出場56校のうち48校が全国各地からエリート選手を集めた私立の野球強豪校であることをとりあげ、「日本高等学校野球連盟は〝越境入学〟による野球留学を許すな」と書いた。

それだけに、出場校のうち8校しかなかった公立校で、唯一の農業高校・金足農が、先発メンバーのうち5人が大阪府外出身の大阪桐蔭高校に挑戦して玉砕したのは見事だった。

スタミナ切れで快速球を生かせなかったエース・吉田

身長175センチ、体重81キロ。投手としては大きくない右腕・吉田は、準決勝まで5試合すべてを完投、749球を投げて決勝戦に臨んだ。

2度目の春夏連覇を狙う大阪桐蔭の先発・柿木蓮も、前日の準決勝で済美高校（愛媛）に完投勝利を収めての連投だった。だがそれまでは1回戦の先発だけで休養十分だから、孤軍奮闘する吉田のハンデは大きかった。

甲子園で球速150キロをマークした吉田は、フォームもいいし、低めの速球も伸びる好投手である。しかし気になっていたのは、見事な速球の他にフォークボール、チェンジアップやスライダーなどの変化球もあるのに、結構ヒットを打たれることだった。

なかでも高めの直球を打たれることが多い。高めの直球が速ければ空振りかファウルになるものなのに、ヒットされるということは、見かけほど速くないのではないか。

いい速球を持っているのに変化球が多いのも気になった。決勝戦でも高めの速球と落ちないフォークボールを狙い打たれたが、フォークやチェンジアップなどの変化球が高めに抜けたら、スピードがないだけに打ちごろのスローボールになる。

私が現役のころ、中日のエースだった杉下茂さんは伝家の宝刀・フォークボールで巨人の4番・川上哲治さんを苦しめた。

後年、その杉下さんは「フォークは絶対ストライクゾーンに投げなかった」といっていた。ストライクゾーンに投げると痛打されるので、ワンバウンドでもいいからボールになる球で振らせる。こうしてカウントを整えたり幻惑したりして、伸びのある速球を有効に使うのだ。

金足農の吉田も、こうすれば大阪桐蔭の強打をかわすことができたかもしれない。だが連投で疲れ果てた決勝戦では、金足農バッテリーにその余裕も力も残っていなかった。ただフォークやチェンジアップを投げるだけになって、好球を餌食にされた。

それでもスピードがあって投げ方もいいので、ドラフトでは有力な1位候補だろう。やや腕が縮んで投げるように見えるが、140キロ前半のときでも低めの球がよく伸び、スピードガンより速く見えるのは踏み出した左足にしっかり体重を乗せ、捕手に向かってまっすぐリリースしているからだ。

決勝戦で高めに全力投球したとき、体が一塁側に流れることがあったのは、スタミナ切れで左足の踏ん張りが利かなくなっていたのと、大阪桐蔭の強打を意識しすぎて必要以上に力んでいたからだろう。

体が一塁側に流れる投手のパワーロス

フィニッシュで体が一塁側に流れるのは、大阪桐蔭のエース・柿木のほうがひどかった。柿木は右足が一塁側に着地する欠点を直したら、145キロ前後のスピードはもっと速くなるはずだ。

同じような投手は少なくない。たとえば日大三高（西東京）の2年生右腕・廣澤優が典型だ。廣澤は3回戦の龍谷大平安（京都）との試合で甲子園初登板し、5回を2安打2失点と好投した。

身長190センチで自己最速の148キロを出したが、投げ終わったあと、長身を持て余すように右足を大きく一塁側に踏み出す。これは体の軸と重心が傾き、捕手に向かっていくべき体重が一塁側に逃げているのだ。彼が下半身を強化してこの欠点を修正し、体を捕手に向かって投げ出すようにリリースすれば、スピードも球威も驚くほど増すだろう。

甲子園にも伝染した〝猿まね〟の連鎖

この傾向は、昔からアメリカの投手に多い。日本でも同じような投げ方の投手が多くなったのは、大リーグの猿まねだろうか。

問題は投手だけではない。正面のゴロを回転して一塁に投げるショート、安易なバックハンド、グラブから人差し指を出して守る野手……日本のプロ野球がメジャーのまねをし、学生選手や野球少年がプロ野球のまねをする「危険な連鎖」は間違っている。

私は甲子園の試合を見ながら、「監督たちはなぜ正しい投げ方や捕り方を教えないのか」と歯がゆくてならなかった。

検証 日ハムのドラフト1位・吉田の課題

２０１９年のキャンプでは、前年夏の甲子園で活躍した金の卵たちがメディアの脚光を浴びた。なかでも私が気になったのは、日本ハムのドラフト1位・吉田輝星の投球だ。

吉田はキャンプ中盤の2月16日、紅白戦でドラフト5位の柿木蓮とともに先発登板した。甲子園決勝で投げ合った因縁の対決の再現となり、紅白戦にもかかわらずスタンドはファンで埋まった。

注目のルーキー対決は1イニングだけだったが、吉田は先頭・西川遥輝をニゴロに打ち取ったあと、２番・大田泰示に真ん中の１４４キロをバックスクリーンに打ち込まれた。大田は2018年、打率・274、14本塁打の実力者である。元巨人のドラフト1位で、2016年オフ、日本ハムにトレード移籍してから開花した大田にとって、高卒ルーキーの甘い速球をとらえるのは簡単だった。

体の軸とネジレ効果で手投げを直せ

メディアは甲子園対決を派手に伝えた。「ほろ苦デビュー」という記事もあったが、調整段階であるキャンプ中盤での勝った負けたは関係ない。問題は、本格派ルーキー・吉田の投げ方である。

吉田はオーソドックスなオーバースローで、野球評論家も「腰回りが大きいのがいい」「指から球に力を伝えるのがうまく、ボールの質が高い」とべたぼめだが、私にいわせれば「手投げ」だ。

右投手の場合、「上から投げ下ろす力」に「右から左にひねる力」が加わって、指からボールに最大のエネルギーを伝えることができる。

つまり、十字架のように頭のてっぺんから尾てい骨まで貫いた体の軸に対し、右から左（捕手から見れば左から右）にクロスする力が加わって、初めてボールにネジレのエネルギーが伝わるのである。

こうすれば投球に一番大事な縦軸を中心として、バランスのとれた投げ方ができる。

念のためにつけ加えるが、「十字架の右から左」といっても、真横に投げればサイドスローになるし、外国人投手に多いように、投げ終わったあと体重も右足も一塁側に流れてしまえば、軸が崩れてボールに伝わるエネルギーのロスになる。

フォーム修正でもっとよくなる

吉田の場合、投げ終わったあとのフォロースルーも右肩が深く入っているように見えるが、フォームに肝心の軸がなく、上体が前に折れるだけの「お辞儀投法」になっている。

また、ネジレ効果がないので、テイクバックで胸を張ったあと、リリースポイントに向かう途中で「絞り」が解けてしまっているのももったいない。

コーチは吉田に、この十字架をクロスすることで生まれるネジレ効果を、正しくわかりやすく教えているのだろうか。

いまの投げ方でも最速152キロの速球を投げる吉田が、縦軸を崩さずに腰と上半身を使ったネジレ効果を身につければ、もっとすばらしい投手になれる。

ドラフト一番星・根尾は二刀流なんかめざすな

2018.11.03

10月25日のプロ野球ドラフト会議で4球団が1位指名した一番星は、大阪桐蔭高校の根尾昂《ねおあきら》だった。根尾は春夏連覇を達成した2018年の甲子園大会で主に5番・ショートとして活躍したが、投手としても最速150キロを記録したことがある。

新任早々のドラフト会議でこの大魚を釣り上げた中日の与田剛監督は、根尾の投打二刀流について報道陣に「本人の意思を尊重したい」と語ったが、これは新監督のリップサービスである。

ドラフト後、指名あいさつで選手や親を訪ねて「ぜひうちに来ていただきたい」とへりくだる監督が多いが、これはおかしい。そんなことより、「おたくの息子さんは大変いい素材です。うちに来ていただけば、もっといい選手に育ててみせます」と胸を張っていえば、親も本人も安心して契約してくれるはずだ。

根尾はたしかにダイナミックな投球でも甲子園を沸かせたが、走攻守そろった逸材で外野手もこなし、高校通算32本塁打を放った打力は魅力だ。

ドラフト会議直後、彼は二刀流について「球団ともよく話し合って」とマスコミの質問をかわしたが、ドラフト前には「遊撃でいきたい気持ちが強い。チームの要になるような選手になりたい」と語ったという報道もある。

プロはそんなに甘くない

大谷翔平の活躍以来、マスコミは根尾にも投打の二刀流を期待しているが、文武両道で頭脳明晰の根尾が、メディアやファンのムードに流されることはないだろう。投手力が弱い中日も中途半端な欲を出さず、4球団が殺到した彼の能力と将来性を見極めて「野手専従」を決めるべきだ。

第一、私がかねがねいうように、二刀流が通用するほどプロ野球は甘くない。もし高校生ルーキーの二刀流が通用するようなら、プロ野球のレベルも地に落ちた証拠である。

この持論は、大谷の日本ハム時代から変わらない。ポスティングシステムでエンゼルスに移籍した大谷が通算3度目の右ヒジ靭帯を損傷し、シーズン終了直後にトミー・ジョン手術を受けたのも、日本ハム時代からの投打二刀流と無縁ではないと私は見ている。その根拠はこれまで拙著や連載でも書いてきたので、繰り返さない。

金足農高・吉田は〝第二のハンカチ王子〟になるな

2018年夏、根尾以上に甲子園を沸かせた金足農業高校のエース・吉田輝星が1回目の1位指名に漏れ、外れ1位も抽選なしの単独指名で日本ハムに決まったこともファンを驚かせた。

甲子園以来人気ナンバーワンの吉田が、外れ1位でも日本ハム以外に指名がなかったのは、吉田の評価がプロでは低かったということだ。

いい換えれば、根尾ら大阪桐蔭組をはじめとする野手の人材が豊富で、各球団も吉田人気に惑わされることなく、冷静にチームの補強ポイントに見合った人材をリストアップしたことになる。

しかし公立高校の星・吉田の速球が、全国から野球エリートを集める私立の強豪校に負けない威力と魅力を持っていることは間違いない。

まだまだ天性の地肩に頼る投球は未熟だが、それだけ今後の伸びしろがあることも事実である。雪国で培った心身の強さを生かして練習を積み、9年目を迎える元甲子園のアイドル・ハンカチ王子こと斎藤佑樹の二の舞にならないようがんばってほしい。

形だけメジャーをまねた日本の〝くじ引きドラフト〟

ドラフト会議といえば、どうしてもいっておかなければならないことがある。

ドラフト会議は日米とも1965年に始まった。大リーグのドラフトは、新人の契約金抑制と各チームの戦力均衡が目的だった。できるだけ戦力と経営基盤の格差を縮めることで試合内容を高め、各球団の観客動員数と収益をふやす共存共栄の戦略だ。

だから大リーグでは、ドラフト会議の方法も徹底している。全30チームのうち、前年の勝率最下位チームから希望選手を指名する完全ウェーバー方式で、前年の勝率1位チームは1巡目から希望選手を毎回最後に指名する。

つまり評価の高い選手は、下位チームから順に指名される可能性が高い。

このほか、ドラフト会議の前に優秀な選手をFAで獲得したチームは、FAで選手を失った相手球団に見返りとしてドラフト指名権を譲渡する。これも、メジャー全体の戦力均衡を図るためだ。

こうした制度の根底には、多民族国家の平等の精神がある。

ところが日本のドラフト会議では、希望選手が競合した場合、1位指名だけはくじ引きで決める。また2位以下も、最下位（2018年は楽天）から指名するウェーバー制と、その逆（同年は広島から）の繰り返しとなっている。

これでは、各球団の利益を確保しながら平等を装っているだけではないか。

日本の野球界は何事もメジャーの猿まねが多いが、まねてはいけないことはまね、学ぶべきことをまねないのは間違っている。

日本のドラフトも日本的平等主義のくじ引きはやめ、本当の意味での平等の精神と共存共栄の理念に徹した、大リーグのような完全ウェーバー方式に改革すべきだ。

検証
ドラフトの星たちはいま

甲子園球児を中心に逸材ぞろいだった2018年オフのプロ野球ドラフト会議は、10月25日に行われた。

最終的な各球団の1位指名選手は、選択順に楽天が辰巳涼介外野手（立命館大）、以下、ロッテ・藤原恭大外野手（大阪桐蔭高）、オリックス・太田椋内野手（天理高）、日本ハム・吉田輝星投手（金足農高）、ソフトバンク・甲斐野央投手（東洋大）、西武・松本航投手（日体大）、阪神・近本光司外野手（大阪ガス）、中日・根尾昂内野手（大阪桐蔭高）、DeNA・上茶谷大河投手（東洋大）、巨人・高橋優貴投手（八戸学院大）、ヤクルト・清水昇投手（国学院大）、広島・小園海斗内野手

（報徳学園高）。

このうち最多の４球団が１巡目で根尾を指名し、中日の与田剛・新監督が抽選で当たりくじを引いた。

同校の藤原も根尾に次ぐ３球団が１位に指名したが、甲子園を沸かせた吉田を１巡目に１位で指名した球団はなく、２巡目の外れ１位で日本ハムが単独指名した。

日ハム入りが決まった吉田は秋田市内の母校で年末まで自主練習を続けたあと、２０１９年１月９日から千葉県鎌ケ谷市の球団施設で始まった新人合同自主トレーニングに参加した。

新人たちの練習を視察に来た栗山英樹監督は「体も引き締まっていたし、表情もすごくよかった。キャッチボールを見ても体の使い方がうまい」と吉田の動きに満足そうだった。「チームのために早く準備がしたい。シーズン序盤から（一軍で）行けるようになれば」と語った吉田は、２月１日から沖縄県国頭《くにがみ》で行われた二軍キャンプに参加した。

一方、中日に1位指名で入団した根尾も足の肉離れで春季キャンプは二軍の読谷《よみたん》スタートとなった。

キャンプに備えた練習で、1月23日のベースランニング中に右ふくらはぎの肉離れを起こした根尾は、2日後にキャッチボールを再開し、二軍キャンプではノックやフリー打撃で調整を続けた。

キャンプ終了後の3月9日には、西宮市で行われた教育リーグ・阪神戦で実戦デビューした。13日には一軍で阪神とのオープン戦に初出場。14日の西武戦では2番ショートで初先発し、初安打を放った。

新人は大きな夢を語れ

新人にとって、プロ野球のキャンプは質量ともに予想以上に厳しかっただろう。根尾のように、自主トレ段階で肉離れなどのケガをするというのは、まだ体が弱いということだ。

日本ハムの清宮幸太郎も、1年目はあちこち痛めたようだが、二十歳そこそこで故障するような選手はだめだ。

根尾や吉田のような甲子園のスーパースターはキャンプ前からメディアの取材攻勢を受けていたが、新人は夢や目標を聞かれたら、できるだけ大きなことをいったほうがいい。

「新人王をめざします」「早く一軍のレギュラーになりたい」「先発ローテーションに入って2ケタ勝利したい」……大きな目標を公表すれば、自分の言葉に責任を持つからなんとか目標を達成しようと頑張ることができる。

何事も、一番いけないのは自分の意見や目標をいわないことだ。新監督なら「何年以内に優勝する。それができなかったら責任をとってやめます」といえばいい。コーチなら「この選手をレギュラーにする」と球団に約束し、選手には「おれのいう通りにすれば、一軍で3割が打てるようにしてみせる」と約束すべきだ。

ところがそんなことをいう監督もコーチもいないのは、指導者としての能力も自信もないからだ。何もいわない人間は自信も責任感もないから、結果を出せないときも責任をとらない。

有言実行。新人たちも、遠慮せずに大きな目標を掲げ、夢に向かって命懸けで頑張れ。

アマチュアができないことを平気でやるのがプロだ。新人たちは、そういうところがわかっているだろうか。

たとえば投手は、打者の顔の近くに速球や変化球を投げてくる。二盗やホームのクロスプレーでは、妨害ギリギリの激しいスライディングをする。

最近はコリジョン（衝突）ルールやリプレー検証など、さまざまなルール改正で危険プレーを防止しているが、プロ野球は危ないからこそ、選手は体と技を鍛えてその上を行かなければならない。

新人たちはサイボーグのように頭から足先まで守ってくれる防具に頼るだけでなく、危険プレーから自分を守る技術と気力も磨いてほしい。プロは、難しいことをやって当たり前の世界なのだ。

日大アメフト問題は学生野球改革のチャンスだ

2018.06.02

日本大学アメリカンフットボール部の悪質タックルが社会問題になったが、これは学生野球にとっても他人事ではない。

私は日本ハムの清宮幸太郎が早稲田実業を卒業後の進路を決めるとき、「系属校として進学が約束されている早稲田大学で鍛え直してからプロ入りしても遅くない」と主張してきた。

恵まれた体格と高校通算111本塁打の長打力が、将来プロ野球で通用する素材であることは間違いない。しかし長い人生を考えれば、大学で野球の基礎練習をしながら、授業や一般学生との交流を通じて教養を積むことも必要だと思ったからだ。

問われる監督の見識と指導力

その場合問われるのは、清宮が回り道をするだけの価値が大学側にあるかということだ。つまり大学野球の指導者にも、それだけの見識と指導力が求められることになる。

結局、清宮は大学生活の意義よりプロ入りの道を選んだが、現在の大学野球が多くの問題を抱えているのも事実である。

たとえば強豪校の中には無試験で、授業料・合宿費等免除で有力高校生を集めている大学も少なくない。こうして集まった選手たちが、教室より合宿所からグラウンドに直行する生活を送っているのも事実だろう。

そしてこの実態は、大学だけではない。よく知られているように、私立高校の野球強豪校には全国各地から中学野球部やリトルシニアの有力選手が親元を離れて集まり、野球漬けの毎日を送っている。

いまさらいうまでもないが、２０１７年夏の高校野球甲子園大会に出場した49校のうち、41校が私立高校だった。公立高校は県立が7、市立が1の計8校しかなかった。

高野連は甲子園を高校野球の聖域に戻せ

私が高校野球で心配するのは、「部員たちは勉強をしているのだろうか」ということだ。

そもそも高校は、基礎教育を身につけるところである。各地から集まった野球少年が、毎日合宿所で腹いっぱい食事をして、練習場と往復するだけの生活を送るところではない。それでも甲子園で活躍すれば、勉強ができなくても、すんなり卒業証書をもらえるのである。

こうした野球少年たちが、生まれ故郷の名誉より私立高校の広告塔として集まるのが春夏の甲子園だ。このいびつな高校野球を可能にしているのが、日本高等学校野球連盟が黙認している〝越境入学〟である。聖域であるはずの甲子園を越境入学者の主戦場にしているのは高野連といっていい。

私は著書や連載で何度も書いているが、高野連はいまこそ私立高校への〝越境入学〟を禁止し、甲子園を大会の原点に戻すべきだ。

監督は正しい技術指導と人間教育を

私の母校・早大野球部は117年前に創立された。初代野球部長・安部磯雄は、日本で初めて早大野球部のアメリカ遠征を実現するなど「日本野球の父」といわれている。

安部の教育方針は「フェアプレイ精神」だ。「練習のために十二分の努力さえすれば、もし試合に負けても悲観することはない。野球術においても、処世術においても、フェアプレイの一本槍で突進せられんことを希望する」と書き残している。

もちろん勝負を競うスポーツは試合に勝つために練習するが、勝つことだけが最終目的ではない。自分が納得のいく練習をすれば、勝利は後からついてくるというわけだ。

この指導方針には、「勝つために相手のエースや4番打者を傷つけろ」という教えはない。

大学野球の監督は、部員たちに「こうすればうまくなる」という正しい技術を教えるとともに、卒業したら社会人として立派に通用する人間を育てるべきだ。

100人を超える部員をすべてレギュラーにすることはできないし、卒業後、プロ野球や社会人野球に進める部員も限られている。

だからこそ、社会に出たら「さすが、野球部で厳しい練習に耐えただけのことはある」といわれるような人間教育をしてほしい。そうでなければ、学生が4年間も野球部で苦労する意味がない。

そして日大アメフト部の問題は、野球をはじめレスリングや相撲など、同じ構造と体質を持つ学生スポーツ全体を見直し、改革するいいチャンスだと思う。

第6章

間違いだらけの監督人事

阪神・金本監督を更迭した新オーナーの〝ちゃぶ台返し〟

2018.10.27

巨人の高橋由伸監督に続いて、阪神の金本知憲監督が突然辞任した。

2人とも現役選手がオーナー命令で監督に就任したものだが、私はこの「スーパースターの即監督起用」に著書や連載で反対してきた。2人に共通した弱点は、ともに外野手出身で、コーチや二軍監督といった指導者経験がないことだった。

野球の勝敗は70%以上が投手で決まるといわれている。だから監督に最適なのは投手を一番知っている捕手出身者だ。次にサインプレーが多く、試合展開に密接にかかわってきた内野手。そして外野手は、捕手からも監督のイスからも一番遠い。

金本と高橋の共通点は、3年間オーナーとファンの期待に応えられなかったところにもある。

「超変革」を旗印にした金本阪神の1年目はリーグ4位、2年目の2017年も若手を積極起用して2位。そして2018年は成長が期待された若虎たちが伸び悩み、虎どころか猫の目打線に落ち込んで、2001年以来17年ぶりの最下位に沈んだ。

私が間違っていると思うのは、日本の監督人事のありかただ。象徴的だったのが、今回の金本更迭である。

たしかに金本の成績は前記の通りだし、3年間の戦術や若手の育成法には問題があった。だが2017年末には2年契約を満了して新たに3年契約を結び、球団は当然のように2019年以降も監督続行の方針でコーチ陣の準備を進めていたという。

ところが10月11日になって金本が突然、辞任を表明した。17年ぶりの最下位の責任をとった形だが、新聞やネットの情報を総合すると、10日に甲子園球場で行われた2018年シーズン最終戦の終了後、揚塩《あげしお》健治・球団社長が金本に辞任勧告。翌日、金本は「僕は最下位だから」と語って辞任したが、事実上の解任だった。

「金本監督に辞めてもらう」

阪神はそれまで金本続投を決めていたが、親会社の阪神電鉄本社は最下位転落とファンの抗議電話殺到で解任に舵を切った。

14日の「サンスポ・コム」が連載コラムで金本電撃解任の舞台裏を書いている。それによると、甲子園球場で最終戦が行われた10日昼、新オーナーに決まっていた藤原崇起《たかおき》・阪神電鉄本社会長が揚塩球団社長を本社に呼んで「金本解任」を告げたという。本社関係者が明らかにしたという生々しいやりとりの一部は次の通りである。

「揚塩君、金本監督に辞めてもらう。君が今日の試合後に伝えて、辞めてもらえ。坂井オーナーも辞めるので、心配しなくていい」

「そうですか…。でも球団は金本監督の続投を前提にしてコーチ人事などの内示を行っていますが…」

「それは後でなんとでもなる。金本監督では来季、もう無理やろ。任期途中（今季から3年契約）でも仕方ない。それから後任は誰がおるねんな？」

「球団内の評価が高いのは矢野二軍監督です」

「そうか。それなら矢野二軍監督の昇格で早くまとめなさい」


（【「鬼筆」越後屋のトラ漫遊記】２０１８・10・14）


この解任劇の背景には、阪神電鉄本社のトップ交代がある。

これまでの阪神は、２００８年から坂井信也・阪神電鉄社長（当時）が10年間、オーナーを務めてきた。

坂井さんはその間、阪神電鉄会長～同取締役相談役を歴任しているが、11月末でオーナー職の任期を終え、藤原本社会長が新オーナーに就任することが決まっていた。

このオーナー交代人事が、金本監督の一転解任に直結したわけだが、現オーナーが決めていた監督留任とコーチ人事を新オーナーが〝ちゃぶ台返し〟のようにひっくり返すのはおかしい。

球団不在の監督人事は間違っている

もちろん、タイガースの成績と人気は阪神グループの経営にも直結するだけに、本社会長の新オーナーも、ファンの金本批判を無視できなかったのだろう。

だが私が納得できないのは、一連の人事が現場の球団を無視して断行されたことである。

しかもこの人事を知らされたのは球団社長だけで、この日、谷本修・球団副社長兼球団本部長は、フェニックス・リーグで宮崎に遠征中の矢野燿大《あきひろ》・二軍監督を訪ねて2019年シーズンの一軍ヘッドコーチ就任を伝え、他の留任予定のコーチたちにも内示を行っていたという。

オーナーの独断専行は今回が初めてではない。こんなことを繰り返して、巨人とともに長年球界をリードしてきた名門・タイガースは復活できるのだろうか。

大リーグより遅れているオーナーの意識とフロントの体質

もっともこれは、阪神だけの問題ではない。２０１６年、巨人が現役続行希望の高橋を新監督に選んだのも、人気を優先した本社首脳の決断だった。

本来、監督人事は、野球と球界を一番よく知っているフロント幹部が候補者を厳選し、最終案を本社トップのオーナーに提案すべきだ。これを受けてオーナーは球団社長と十分協議し、問題がなければ球団方針を承認すればいいだけの話である。

ところが日本では、専門家であるフロント幹部の意見より、本社にいるオーナーの好みや経営判断で監督やＧＭなどの重要人事が決まることが多い。

こうした人事の構図が定着したのも、フロントを代表する球団社長が本社では部長レベルからの出向で、オーナーにいうべきことをいえないからだ。

日本の球界が大リーグより遅れているのは、選手より、オーナーの意識とフロントの脆弱な体質だろう。

連続出場が止まった鳥谷は引退して指導者になれ

2018.06.09

阪神・鳥谷敬《たかし》の連続出場記録が止まった。1939試合は、衣笠祥雄に続く歴代2位である。

私は、鳥谷が早稲田大学時代に内野守備の基本を教えた。当時は同じOBの徳武定祐《とくたけさだゆき》とともに毎週、ボランティアで球場に通った。

埼玉・聖望学園出身の鳥谷は口数が少なく、朴訥《ぼくとつ》な青年だった。早大の主砲として1年から正遊撃手を務め、東京六大学野球で首位打者2度と三冠王。阪神に入団後、1年目の2004年9月から15年間にわたった連続出場が、5月29日、セ・パ交流戦のソフトバンク戦で途切れたのだ。

鳥谷は阪神でもオープンスタンスの独特なフォームで巧打を飛ばし、堅実な守備で名門のショートを守った。

私が巨人のショートだった現役時代、阪神には吉田義男という天才的なライバルがいた。鳥谷の守備には吉田のような華麗さはなかったが、堅実なプレーはプロでも合格点のレベルだった。

しかし年俸4億円の5年契約を結んだ2015年から巧打にも陰りが出はじめ、2017年は北條史也など若手の台頭で三塁に移った。それでも通算2000本安打を達成し、打率・293と意地を見せたものの、2018年は2年目・大山悠輔の三塁抜擢で二塁に再転向。

金本阪神の若返り方針に押し出された鳥谷は代打生活の日々を過ごし、大記録が止まった日は打率が・143まで落ちていた。

記録中断の監督判断は当然だ

私も長年監督を務めたのでよくわかるが、監督が体を張って守っているのは選手の記録ではなく、チームの勝利である。

阪神も、金本監督が鳥谷の入団以来15年にわたった連続出場記録に苦渋の決断を下したのは当然である。

闘志が表に出るタイプではない鳥谷は、三振したときの表情が無気力にさえ見える。闘将・金本と相性がいいはずはないが、代打で三振や凡退を繰り返す後輩を見ると、三塁転向を命じられたとき、鳥谷は「俺の本業はショートだ」という誇りをもって引退するべきだったと思う。

私はそのころ、阪神球団の首脳に「鳥谷が使えないなら、もうやめさせたらいいではないか」と進言したことがある。するとそのとき「そうはいっても5年契約がまだ残っているからね～」という反応だった。解雇すれば残りの年俸は全額支払うことになるから、球団は踏ん切りがつかないのだ。

私はかねてより、日本の球界が大リーグの悪しき慣例の複数年契約を模倣することに反対してきた。例を挙げればキリがないが、代表的なのは松坂大輔、和田毅、藤川球児など、アメリカでトミー・ジョン手術を受けたUターン投手を高額な複数年契約で迎え入れるケースである。

こういえば、私がいかにも非情な人間のように思われるかもしれない。しかし、舞台は巨額な年俸が舞うプロ野球である。資金力が豊富だからといって、こうした担保も保証もない高額の複数年契約は、野球経営として間違っている。

それより、選手の契約は1年を原則とし、一定の水準以上の成績をあげたら何億円でも高額なボーナスを支払う「出来高優先契約」にすべきだ。

選手は誇りを忘れるな

一方、選手たち自身が出処進退の決断を誤る原因も、この複数年契約だ。これまで長年活躍を続けたスター選手が、屈辱のベンチスタートや代打生活に甘んじるのも、巨額の年俸を保証される複数年契約を、自ら放棄する気になれないからだろう。

しかしもう一つ忘れてはならないのが、長年ファンに夢と希望を与えてきた人気選手としての誇りである。

私が現役時代、巨人の大黒柱だった赤バットの川上哲治さんも、長嶋茂雄も王貞治も、全国のファンに惜しまれつつ自らバットを置いたのは、「巨人軍の4番」という誇りがそうさせたのに間違いない。

いま鳥谷とともに頭に浮かぶのは、巨人の阿部慎之助である。巨人待望の後継者・岡本和真の成長で代打に回った阿部は6月7日現在、打率・200、ホームラン3本である。そして年俸は2億1000万円だ。

2019年も億単位の年俸が保証されるとすれば自ら引退する気にはなれないだろうが、鳥谷も阿部も、もうベンチから後輩たちのプレーを見守る生活はやめたほうがいい。これからは指導者として、名門・巨人と阪神の伝統を引き継ぐ「第二の阿部」「第二の鳥谷」を育ててほしい。

なぜ球界は鉄人・衣笠を指導者にしなかったのか――

2018.05.05

鉄人・衣笠祥雄《きぬがささちお》が亡くなった。71歳だった。

私が衣笠と初めて会ったのは、1970年に広島カープの守備担当コーチに就任したときである。当時の根本陸夫監督から「2年間でいいから」と招かれ、当面の宿泊先にしていた若手選手の合宿所に行くと、一人の男が玄関で待ち受けていた。「私は衣笠祥雄です。よろしくお願いします」と挨拶してバッグを持ってくれたのが衣笠だった。

京都・平安高校から捕手として入団5年目の彼は当時、一塁に転向してレギュラーになっていた。初めて会った衣笠の第一印象は、「礼儀正しい選手がいるな」だった。

私が約束通り2年で退団した後、衣笠は1975年に三塁に転向した。その後、カープの主力打者として球団初のリーグ優勝と日本一に貢献し、2215試合連続出場の日本記録をつくったことは周知の通りである。

「どうして球が捕れなくなったのでしょうか」

私が西武の監督をやめて評論家として広島球場を訪れたとき、衣笠が寄ってきて「どうして僕は球が捕れなくなったのでしょうか。教えてください」といった。

かつてしなやかだった体も、実働20年を超えた現役最晩年には思うように動かなかった。

私はこのとき「それは準備がたりないからだ」と指摘し、「こうしなさい」と具体的なアドバイスをした。

私が教えたのは、投手がモーションを起こしたらヒザから両手を離し、「さあ来い」といつでもスタートが切れる形と気構えを持つという、内野手の基本である。そうすれば、どんな難しい球でも正面で捕ることができる。

かつて私と巨人の三遊間を守った長嶋茂雄もそうだったように、選手は年をとるとだんだん横着になり、球が来る直前までヒザに手をついて待つようになる。

年をとれば注意力が散漫になり、楽なことしかできなくなる。基本通りに正しい野球を実行するのは、苦しいことなのだ。

これは長嶋や衣笠の時代だけでなく、いまもこの基本ができる選手はいない。投手が投げるときは一応構えてはいるが、私から見ると「どんな球が来ても捕る」という構えをしている選手はいない。

衣笠もその後、私が教えたことを一生懸命やろうとしたが、「やったけど、もうできません」といってきた。そして１９８７年、ルー・ゲーリッグの米大リーグ２１３０試合連続出場の記録（当時）を更新して40歳で引退した。

指導者として「第二の衣笠」を育ててほしかった

私が衣笠の訃報を聞いて残念なのは、彼のように若いころから一生懸命野球に取り組んだリアルプロ（プロ中のプロ）に、一度もコーチや監督の経験がなかったことだ。

長年カープを取材している新聞記者OBに、「初代の松田恒次《つねじ》オーナーと衣笠の間に何か約束はなかったのか」と聞くと、「将来、コーチや監督にするという話はあったが、何かの事情で山本浩二が2度監督を務めた。衣笠に声がかからなかった理由はわからない」ということだった。

松田オーナー家をはじめとする球団上層部との間に、何か確執があったのかもしれないが、私が不可解なのは、広島以外からも指導者としての招聘《しょうへい》がなかったことだ。

衣笠は常にボールを恐れず、攻守ともにハッスルプレーが売りだった。体が柔らかくて足も速く、500本塁打以上で盗塁王になったのは衣笠しかいない。

トレードマークのフルスイングで歴代7位タイの504本塁打を叩き出したが、衣笠のもう一つの勲章は、歴代3位・通算161個のデッドボールである。

なかでも象徴的なのは、1979年8月に巨人の西本聖《たかし》投手から受けた死球だった。このとき左肩甲骨を骨折したが、翌日も代打でフルスイングの三球三振をし、「1球目はファンのため、2球目は自分のため、3球目は西本君のために振りました」と語ったセリフが伝説になった。

これほどの実績と精神を持つ鉄人を、古巣カープはもちろん、どの球団も指導者として迎えなかったのはなぜか。

私はこれまで、拙著やコラムで「名選手は、ケガや老化でチームに貢献できなくなったら引退して指導者になれ」と繰り返してきた。

私が師事した人生哲学者の中村天風さんは「人間は誰でも、この世の進化と向上とを実現するために生まれてきたのだ」という。

野球選手も、引退後は指導者として後進を育成する義務と責任がある。

衣笠にも、どこかでコーチか監督をさせたかった。そして第二の衣笠を育ててほしかった。それができなかったのが、残念でならない。

北川貞二郎さん（産経新聞社元副会長）を悼む
――あとがきにかえて――

冬季五輪・平昌《ピョンチャン》大会の開会式が行われていた2018年2月9日夜、旧知の元新聞記者から北川貞二郎さんの訃報を聞いた。94歳だった。

北川さんは産経新聞社の元副会長で、サンケイスポーツ新聞社の社長も歴任した。私が現役を引退してサンケイスポーツの専属評論家だったころ、原稿の書き方を厳しく教えてくれた方だった。

評論家原稿の極意を教えてくれた名文記者

新聞の評論家は試合後、担当記者に解説し、それを記者が記事にまとめるのが一般的だが、当時運動部長だった北川さんはそれを許さなかった。私は、いつも書き直しをさせられた。そして最後に北川さんがちょこちょこっと手を入れると、見違えるような原稿になった。

私が「どうしてそんなに書き直さなければいけないのですか」と聞くと、北川さんはいった。

「君は書きたいことを4つも5つも書いている。それでは文章が散漫になる。何か1つ、勝負を分けたポイントがあるはずだ。そのポイント1つに絞って書きなさい。そして、僕に直された原稿を暗記しろ」

私はこのとき、初めて納得した。この〝一点絞り〟は、文章作法の基本であるだけでなく、野球の指導にも通じる極意だった。

その後、ヤクルトの監督になったとき、国鉄時代から続く巨人コンプレックスを払拭して、チームを再建するにはどうしたらいいかを考えた。そこで気づいたのは、たくさんある課題のうち、優先順位のトップが投手陣の立て直しだった。

セ・パ両リーグ日本一への原点は、北川さんに教わった〝一点絞り〟

当時のヤクルトは、巨人戦にだけ主力投手を集中的につぎ込んだので、巨人には善戦しても、その他のカードはぼろ負けしていた。

そんな投手陣を再建するために私が始めた〝一点絞り〟が、引退後の大リーグ視察で学んだ、先発投手5人と抑えのストッパー1人を決める先発ローテーションの確立である。

その結果、先発組に「監督は俺を信用してくれている。調子が悪くても5回まではなんとか踏ん張ろう」という責任感とモチベーションが生まれた。

その後、西武の監督になったときも、〝一点絞り〟戦略を実行した。

当時の西武には実績のある選手がそろっていたが、その分、高齢化による体力の劣化が進んでいた。若い選手を鍛え上げたヤクルト時代とは逆に、西武に必要なのは、主力のベテラン選手たちの体調を管理してベストコンディションを維持させることだった。

そこで最初に実行したのが、肉食を控え、自然食を中心とする食生活の改善だが、マスコミには真意を理解されず「広岡の管理野球」と揶揄《やゆ》された。

私は西武でセ・パ両リーグ日本一を達成したころ、産経の役員になっていた北川さんを招いて〝謝恩の宴〟を開いた。

その夜、北川さんに鍛えられた評論家時代の話をすると、「そんなにしごいたかな」と笑っていたが、私になんども書き直させた理由について北川さんはいった。

「あれはなあ、君がほんとにいいたいことは、ほかにあるのではないか、まだほかに書きたいことがあるのではないか、と思っていたからや。僕は、それが何かを知りたかっただけや」

私は当時、「君は字が書けんのか！」とまでいった北川さんの真意がやっとわかった。未熟だった私が書き切れなかった野球の神髄を、新聞人として引き出してやりたいと思ったのだろう。

戦争で断たれたオリンピックの夢

北川さんは滋賀県彦根市の出身である。早稲田大学ではボート部で、エイトの種目で全国優勝したが、第二次世界大戦の影響でオリンピックが2大会中止になって五輪出場の夢は断たれた。

1943（昭和18）年には明治神宮外苑競技場（現・国立競技場）で行われた出陣学徒壮行会で、雨の中を行進して中国の戦地に向かった。爆弾で片耳の聴力を失ったが、終戦後に復員して大阪の産経新聞に入社した。

時は流れて1964（昭和39）年の東京オリンピックでは、サンケイスポーツの1面で開会式の入場行進を自らの学徒出陣と重ね、「生きていてよかった」という感動的な記事を書いた。

2018年には、当時ともに開会式の取材をした後輩記者への手紙に「また東京オリンピックの開会式で会えるといいね」と書いていたという。

食欲旺盛で、晩酌のワインを欠かさなかった北川さんの体調が急変したのは亡くなる2か月前。入院中の北川さんが、肺炎による高熱と闘いながら瞼の裏で見ていたのは、2年後に迫った東京五輪の開会式だったのではないだろうか。合掌。

本書は、幻冬舎ｐｌｕｓ（www.gentosha.jp）に連載中の「日本野球よ、それは間違っている！」に大幅に加筆し、再構成したものです。

本文中の日付はすべて現地時間、選手の年俸は推定です。

〈著者プロフィール〉

広岡達朗（ひろおか・たつろう）

1932年、広島県呉市生まれ。早稲田大学教育学部卒業。学生野球全盛時代に早大の名ショートとして活躍。54年に巨人に入団、1年目から正遊撃手を務め、打率.314で新人王とベストナインに輝いた。引退後は評論家活動を経て、広島とヤクルトでコーチを務めた。監督としてヤクルトと西武で日本シリーズに優勝し、セ・パ両リーグで日本一を達成。指導者としての手腕が高く評価された。92年に野球殿堂入り。『動じない。』(王貞治氏・藤平信一氏との共著、幻冬舎)、『巨人への遺言』『中村天風 悲運に心悩ますな』『日本野球よ、それは間違っている!』(すべて幻冬舎)など著書多数。

言わなきゃいけないプロ野球の大問題
巨人はなぜ勝てなくなったのか?

2019年5月10日　第1刷発行

著　者　広岡達朗
発行人　見城 徹
編集人　福島広司

GENTOSHA

発行所　株式会社 幻冬舎
〒151-0051　東京都渋谷区千駄ヶ谷4-9-7

電話　03(5411)6211(編集)
03(5411)6222(営業)
振替　00120-8-767643
印刷・製本所　中央精版印刷株式会社

検印廃止

ISBN978-4-344-03462-4　C0095
幻冬舎ホームページアドレス　https://www.gentosha.co.jp/

この本に関するご意見・ご感想をメールでお寄せいただく場合は、
comment@gentosha.co.jpまで。